Lettres d'une adolescente à un écrivain.

JOSÉ FÉRON ROMANO

José Féron Romano est né à Ménilmontant en 1940. Il pratique d'abord la musique avant de se consacrer à la littérature : il joue, chante, enregistre jusqu'en 1968. Devenu écrivain, il publie plus de vingt ouvrages pour le public adulte et adolescent : nouvelles et romans, contes et légendes, biographies, documents. Militant d'organisations humanitaires comme *Amnesty International*, il a récemment publié une vie de *Martin Luther King*.

Depuis le début des années 80, il anime des ateliers d'écriture avec des élèves du primaire et du secondaire, dans des établissements scolaires et des bibliothèques ; avec des adultes également – comme au comité d'entreprise Renault ; il a conté, dans *Le chat rouge*, un atelier imaginaire.Lors de ces rencontres, il a découvert de jeunes talents avec lesquels il a souhaité partager sa passion d'écrire.

GÉRALDINE GOURDAIN

Née en 1979, Géraldine Gourdain est actuellement lycéenne. C'est alors qu'elle se trouve au collège et qu'elle participe, en 1992, à un atelier animé par José Féron Romano que celui-ci est impressionné, séduit par ses qualités d'écriture et son imagination ; un an plus tard, il lui propose de travailler avec lui, le temps d'un livre.

JOSÉ FÉRON ROMANO
•
GÉRALDINE GOURDAIN

Lettres d'une adolescente à un écrivain.

HACHETTE
Jeunesse

Couverture conçue et réalisée par
Natali Mançois

à Emma

Géraldine

à Lise

José

Vendredi 24 juin 19..

Cher monsieur,

Cette lettre est la troisième que je vous écris. Les deux premières ont fini dans la corbeille à papier, déchirées en mille morceaux.

Ce soir sera le bon. Je le sais. J'irai jusqu'au bout. Jusqu'à la signature. Jusqu'au prénom que je me suis donné.

Je me trouve dans ma chambre, installée sur le lit. J'ai poussé Baptiste, mon vieil ours en peluche. Si jamais des cambrioleurs venaient à s'introduire dans la maison, j'espère qu'ils me laisseraient Baptiste. La pluie tambourine contre la vitre, on joue du piano à la radio. Voilà planté le décor.

Quelle heure est-il ? Mon réveil est arrêté, il

faudra changer la pile. Alors ? Minuit ? Minuit et demi ? Qu'est-ce que ça peut faire ?... Mes parents doivent être couchés. Sûrement que Marie dort.

A part la musique, tout est silence.

Émeraude a sauté sur le lit. Elle s'est mise en rond. De temps en temps, elle pousse de petits cris. Elle rêve de mulots, d'oiseaux. C'est une chasseuse.

Oh ! ne vous impatientez pas... Si vous saviez comme cette lettre est difficile à écrire... Mais j'en viens au fait.

Je vous connais, monsieur. J'ai travaillé avec vous quand vous avez animé un atelier d'écriture dans mon collège. Ça s'est passé l'année dernière, à raison de deux heures par semaine pendant trois mois. Aussi, j'ai lu plusieurs de vos livres ; pourtant, dans toutes ces lignes que vous avez écrites, qu'y a-t-il *vraiment* de vous ? Tout et rien à la fois. La littérature n'est-elle pas un mensonge ? C'est ce que vous nous avez dit un jour. Alors, qu'est-ce qui peut me permettre de dire que je vous connais ?

Vous souvenez-vous de moi, de mon visage ? Certainement pas. Je n'étais qu'une adolescente parmi d'autres, et vous en voyez des centaines et des centaines (des milliers ?) chaque année, au hasard de rencontres et d'ateliers. Mais, si je ne suis pas la Charlotte de votre *Chat rouge*, au moins avez-vous aimé l'un de mes textes. Vous me l'avez dit. J'ose imaginer que vous étiez sincère.

Moi, je me souviens de vous. Et tout particulièrement de notre première rencontre. Mais vous, bien sûr, vous ne vous rappelez pas. A un moment, répondant à l'une de mes questions, vous avez dit qu'un de vos livres était né d'un chagrin d'amour : vous trouvant au bord d'un gouffre, vous vous étiez réfugié dans l'écriture. Mieux : grâce à elle, vous vous êtes sauvé.

Alors, j'écris à l'écrivain que vous êtes. Pour me sauver comme vous, peut-être, mais aussi pour tenter de voir clair en moi avec ces lettres que je vais vous envoyer tout au long des prochaines semaines. Est-ce que j'y parviendrai ? Ceci est une autre histoire, une autre histoire qu'une histoire d'amour…

J'espère que vous comprenez ce qui me pousse à agir ainsi. Aujourd'hui, il m'est malaisé de m'expliquer davantage. Un jour, sans doute…

Les enfants sautent par-dessus des cordes que d'autres enfants tournent. Avant d'entrer dans le jeu, il y a toujours un moment d'hésitation. Je viens juste de pénétrer dans le cercle que j'ai fait apparaître moi-même : celui de l'écriture. Sans doute ne s'agit-il pas d'un roman, mais c'est déjà le début d'une sorte d'aventure.

J'écris comme on jette une bouteille à la mer. J'écris comme on regarde dans un miroir qui ne vous renverrait pas votre image. J'écris comme on crie dans le désert quand il n'y a pas à espérer d'écho.

Je ne souhaite pas de réponse. Je ne veux pas non plus que vous me reconnaissiez. Ne cherchez pas. Il serait vain de vouloir découvrir qui je suis à travers ce pseudonyme que j'ai choisi.

Laure est ma nouvelle et provisoire identité. Les Laure, dit-on, ne veulent pas être considérées comme des « femmes-objets », et leur esprit est avide d'apprendre. Est-ce déjà un peu de moi que je vous livre ?

C'est tout pour aujourd'hui, monsieur. Me lirez-vous jusqu'au bout ? Ouvrirez-vous seulement ce courrier que je vous adresse chez votre éditeur en espérant bien qu'il vous le transmettra ? Sachez qu'à me poser ces questions, ce n'est pas un mince tourment que je m'inflige.

A bientôt.

Laure

Post-scriptum : « Monsieur Néry » m'a paru trop distant. Alors, que ce « Cher monsieur » vaille pour cette lettre comme pour les suivantes.

Samedi 25 juin 19..

Hier, quand je vous ai écrit, j'étais folle de chagrin. Aujourd'hui, rien n'a changé. C'est comme un flot qui me submerge, m'emporte et me tourmente. A présent, je comprends Aragon et ses noyés qui, dans *Aurélien*, traversent Paris.

Si je ne me livrais pas, je succomberais. Mais, grâce à Dieu, j'ai la chance de pouvoir vous écrire.

J'ai rompu avec Dorian... On s'aimait, c'était juré, c'était parti pour la vie, pour l'éternité. C'était beau, c'était gai, c'était fort, c'était le printemps garanti pour toujours, les oiseaux et les fleurs.

Quand on aime, on a toujours quinze ans.

C'étaient les balades au Luxembourg, main dans la main, c'était le ciné sans voir le film et des poèmes à fleur de peau. Un roman d'amour par seconde et le quai désert quand on a raté le dernier métro.

Les enfants du paradis, c'étaient nous.

Et j'ai rompu avec Dorian… C'est avant-hier que j'ai compris que tout avait une fin.

J'étais sur un nuage, je marchais les yeux clos dans la nuit étoilée.

J'ai rompu comme on se tire une balle dans la tête.

Alors, je vous en prie, laissez-moi vous écrire. Et lisez-moi entre les lignes, comprenez-moi à demi-mot.

Laure, jusqu'à la fin des temps.

Dimanche 26 *juin 19..*

A 14 heures 30, j'étais là. Le rendez-vous était pour 15 heures, mais il avait fallu que j'arrive une demi-heure avant. Je n'y peux rien. Je suis comme ça.

A l'angle du pont Saint-Michel et du quai, j'ai commencé à attendre sous la pendule.

A 14 heures 35, il s'est mis à pleuvoir des cordes. Évidemment, je n'avais pas d'imper. Encore moins de parapluie. Vous m'imaginez avec un parapluie ?

J'ai traversé le quai.

Un œil sur la pendule, je me suis réfugiée à la terrasse du café « Le Départ ». « Le Départ »...

Quel drôle de nom, n'est-ce pas, près d'un lieu de rendez-vous…

Le temps a passé. A 14 heures 45, j'ai essayé de me rassurer : ne restait-il pas un bon quart d'heure ?

Il a cessé de pleuvoir. C'était comme la clairière au beau milieu de la forêt.

J'ai retraversé le quai. J'ai franchi le pont.

Puis, tant pis, j'ai dégringolé les escaliers, quitte à ne plus avoir l'œil sur la pendule.

Je me suis penchée. Le courant était fort. Toute cette pluie, aussi. Je n'ai vu de moi que quelques traits d'un visage déformé. Vous ne m'auriez pas reconnue.

Il y avait le clapotis de l'eau, oui, le bruit de cette eau qui traversait la ville.

Je suis revenue à moi. Enfin. Vous comprenez ce que je veux dire ? Je suis revenue à moi, au temps, à cette heure qui, peut-être, était achevée. Alors j'ai remonté les escaliers quatre à quatre. Vers le jour.

J'ai de nouveau franchi le pont, courant vers la pendule. Il était 15 heures. Tout juste 15 heures.

Il a recommencé à pleuvoir, mais je n'en avais cure.

J'ai attendu encore. Encore attendu. Cinq minutes. Dix minutes.

Cette après-midi-là, la pluie cessant, nous

nous serions promenés sur les quais. Vous m'auriez parlé de livres, d'Albert Camus, de *La Peste* que je viens juste de commencer.

Ou bien, la pluie tombant sans discontinuer, vous m'auriez emmenée au concert pour écouter les *Variations Goldberg*. C'est, je crois, ce que Jean-Sébastien Bach a écrit de plus beau.

A 15 heures 15, je suis partie. Déçue, si vous saviez, déçue…

Vous n'étiez pas venu au rendez-vous que je ne vous avais pas donné.

Laure

Mercredi 29 juin 19..

Entre collège et lycée
Entre deux heures entre deux eaux
Mon père et ma mère de chaque côté de moi
Entre minuit et minuit si je ne dors pas
Blottie entre rêves et cauchemars
Contre l'oreiller rose
Entre ma sœur aînée et Marie
Entre deux chaises entre deux feux
Entre le rouge et le noir
Comme entre parenthèses Toujours
Entre nous je sauterai un soir
D'une ligne prise au hasard
Dans le cahier d'une écolière

Oubliant le diable et son train fuyant les majuscules
Locomotives d'un sombre alphabet
Pour nager jusqu'à la marge

Entracte

Des chevaux paissent ici l'herbe rare du rivage
Je n'aurai plus à choisir *entre* telle ou telle monture
– ce mot-là n'existe plus – non
Un cheval viendra à moi sauvage et docile
S'inclinera et je l'enfourcherai

Laure

Jeudi 30 juin 19..

Émeraude, quel phénomène ! Il faut que je vous en dise deux mots, et même davantage.

Tantôt câline, tantôt froide comme la pierre. Joueuse, gaie, spontanée, dormeuse, grande chasseuse de mulots et parfois d'oiseaux. Pas question de lui dicter sa conduite, elle n'en fait qu'à sa tête. Lorsqu'elle me fixe, impossible de soutenir son regard ; je dois au contraire détourner le mien en signe de capitulation. Émeraude, comme ses yeux qui le furent, mais qui sont maintenant cuivre.

Ce matin, elle nous a prédit la pluie. Comme elle faisait sa toilette, elle a passé trois fois sa patte derrière son oreille en signe d'averse. L'instinct animal ne s'y est pas trompé. Cette après-midi, le ciel s'est voilé, et les gouttes sont tombées comme prévu.

Possédérions-nous un chat-météo ?

L'esprit sadique des animaux me choque. Il y a quelques jours, Émeraude avait attrapé un mulot qu'elle tenait fermement dans sa gueule. Elle est venue vers moi et l'a déposé à mes pieds en attendant compliments et félicitations. L'animal était mortellement blessé. Il rampait faiblement vers la liberté, pour essayer d'échapper au félin carnassier, mais en vain. Elle le regardait agoniser d'un air moqueur. Je la suppliai de le tuer afin de lui épargner des souffrances inutiles. Mais rien à faire. Me voyant insatisfaite de sa chasse, elle reprit la pauvre bête et alla la déposer aux pieds de ma mère. Celle-ci la loua pour son agilité. J'étais écœurée par tant de cruauté, de la part d'Émeraude, mais aussi de ma mère.

Possédérions-nous un chat sanguinaire et une mère insensible ?

Lorsque je vous écris, Émeraude m'interrompt bien souvent pour flairer ma feuille. Mais pas seulement en ces occasions. Elle vient aussi près de moi lorsque je lis ou fais me devoirs.

Possédérions-nous un chat intello ?

S'il est vrai que les chats ont neuf vies, combien lui en reste-t-il ? En a-t-elle utilisé une lorsqu'elle est tombée du premier étage de la maison ?

Que de questions qui resteront sans réponses !

Laure

Vendredi 1er juillet 19..

En Dordogne, un élève vient d'être exclu pour quatre jours par le principal d'un collège. Avait-il menacé un prof? Non. S'était-il bagarré ? Pas plus. Alors ?

Alors, *il portait des baskets* et le règlement du collège stipule que « les élèves doivent avoir une tenue vestimentaire correcte... »

A noter que le principal n'a pas pris le garçon en traître. Avant de l'exclure, il lui a offert 200 francs pour qu'il s'achète des chaussures.

Des chaussures du modèle que celles que porte le principal ? Des mocassins vernis ? Des souliers en chevreau ? Des boots en agneau ? En un mot, des chaussures *convenables* ?

Questions : Qu'est-ce qui est convenable, qu'est-ce qui ne l'est pas ? Et qui peut décider de ce qui l'est ou de ce qui ne l'est pas ?

Dans le cas présent, qui fut inconvenant ? L'élève refusant de changer de chaussures, ou le principal exigeant qu'il s'en sépare ? Lequel des deux eut une digne attitude ?

Nous, les adolescents, nous sommes souvent mal dans notre peau. Faut-il encore que des adultes s'autorisent à nous dire comment nous pourrions être mieux ? Y compris dans nos chaussures ?

Tout le mal qu'on puisse souhaiter à ce principal, c'est que le collège en entier se rebiffe. Et que demain tous les élèves viennent assister aux cours en baskets.

S'il est logique avec lui-même, notre principal ne devra-t-il pas exclure, pour quatre jours, cinq cents élèves ? Après, bien entendu, que chacun d'entre eux aura eu refusé les 200 francs proposés pour l'achat de chaussures *convenables*.

Laure

Samedi 2 juillet 19..

Je suis chez mes grands-parents pour deux jours. La Normandie, j'adore. C'est beau, vert, humide.

Il y a même la mer. Et tant pis pour les galets et qu'importe l'eau froide. Il y a la mer.

La maison est isolée, loin du centre ville, loin de tout. C'est chaud, douillet comme un nid d'oiseau. Et tant pis si se réveille ici mon allergie, et peu importe que mon nez se mette à couler comme fontaine : j'ai dans ma trousse de voyage les médicaments qui conviennent.

Je suis chez mes grands-parents pour deux jours. Leur maison, c'est ma retraite. Goûters et petits plats rien que pour moi… Je mange comme quatre ! Et, avec ça, dorlotée, soignée, aimée. Ah ! cette envie de redevenir enfant pour toujours et d'arrêter le temps.

Parfois je râle. Intérieurement. Dans ce coin perdu, comment se faire des amis ? Et puis...

Mon grand-père s'assoit près de la cheminée, qu'il y ait ou non du feu. Ma grand-mère sort un pot de confiture du buffet.

Je ferme les yeux. La mer est proche.

Des amis, ici ? Pour quoi faire ?

Laure

Samedi 9 juillet 19..

Ce matin, au courrier, deux nouvelles. La bonne, d'abord : j'ai reçu ma feuille d'affectation au lycée Montaigne ; même si je dois prendre le train pour m'y rendre, je suis contente. La mauvaise, maintenant : dans la même enveloppe, la liste des ouvrages dont la lecture est conseillée pour les vacances. Je ne résiste pas au plaisir de vous la communiquer :

Liste 1

Voltaire : un conte au choix (*Candide ou l'Optimisme* ; *Zadig ou la Destinée*).
Chateaubriand : *Mémoires d'outre-tombe*.

Hugo : un roman au choix (*Notre-Dame de Paris* ; *Les Misérables*).
Sand : *La Mare au diable* ; *La Petite Fadette.*
Balzac : un roman au choix (*Eugénie Grandet* ; *Le Père Goriot*).
Mérimée : les *Nouvelles.*
Flaubert : *Salammbô* ; *Bouvard et Pécuchet.*
Zola : *Germinal* ; *L'Assommoir* ; *La Bête humaine.*
Maupassant : *Une vie* ; *Le Horla.*

Liste 2

XVIIIe siècle. Marivaux (*La Double Inconstance*) ; Beaumarchais (*Le Barbier de Séville*).
XXe siècle : Giraudoux (*La guerre de Troie n'aura pas lieu*), Anouilh (*L'Invitation au château* ; *Le Rendez-vous de Senlis*).

Liste 3

Barjavel : *Ravages*
Bazin : *Vipère au poing.*
Buck : *Vent d'Est, Vent d'Ouest.*
Buzzati : *Le K.*
Camus : *L'Étranger.*
Cohen : *Belle du seigneur.*
Colette : *La Maison de Claudine.*
Dostoïevski : *Le Joueur.*
Etcherelli : *Élise ou la vraie vie.*
Fitzgerald : *Gatsby le Magnifique.*

Franck : *Journal.*
Gide : *Les Faux-Monnayeurs*
Giono : *Regain* ; *Colline.*
Hemingway : *Le Vieil Homme et la mer.*
Mac Orlan : *Quai des brumes.*
Mauriac : *Thérèse Desqueyroux.*
Perec : *Les Choses.*
Rabelais : *Gargantua.*
Sartre : *Le Mur.*
Tournier : *Vendredi ou les limbes du Pacifique.*
Uhlman : *L'Ami retrouvé.*
Vailland : *325 000 francs.*
Vercors : *Le Silence de la mer.*
Vian : *L'Herbe rouge.*

La liste dans la poche, je suis allée jusque chez Mme Lambert. Sans traîner des pieds, mais sans courir.

« Alors ? On se prépare à partir en vacances ? »

J'ai marmonné une vague réponse, et, des yeux, j'ai commencé à chercher sur les étagères.

J'ai trouvé *Le Vieil Homme et la mer.*

J'ai feuilleté rapidement *Les Faux-Monnayeurs.*

J'ai regardé la couverture de *Vent d'Est, Vent d'Ouest.*

J'ai parcouru la première page de *Gatsby le Magnifique.*

J'ai sûrement dû soupirer fort car, à un moment, une vieille dame s'est retournée.

La liste dans la poche, je suis ressortie de la librairie avec, sous le bras, *ABC contre Poirot* et *Tintin au Congo*.

Laure

Post-Scriptum : les fruits que l'on vole ne sont-ils pas les meilleurs ? Qu'on me laisse à ma guise dérober mes lectures.

Dimanche 10 juillet 19..

Il vient de m'arriver quelque chose d'étonnant. Je me demande encore si je n'ai pas rêvé. Heureusement, j'ai conservé une trace de mon aventure.

Aujourd'hui, comme chaque dimanche ou presque, je suis allée voir ma grande sœur Sophie.

Dans le couloir du métro Saint-Michel, juste avant les escaliers menant vers la rue Saint-André-des-Arts, un clochard.

Ce clochard, je le connais. Il est là depuis toujours, assis par terre, un petit gobelet métallique entre les jambes pour qu'on y jette des pièces.

Il attend.

L'homme est crasseux. Ses guenilles datent de l'an quarante. Les yeux ne sont pas tristes, non. On dirait qu'il regarde « ailleurs », qu'il fixe un point connu de lui seul.

J'ai toujours eu peur qu'il m'interpelle, qu'il me demande de l'argent. Me croirait-il si je lui disais que ma mère me donne juste le compte pour m'acheter billets de train et tickets de métro ? Et pourtant, c'est la stricte vérité.

Tout à l'heure, donc, avant que je n'arrive devant lui, le voilà qui se lève. A ma grande surprise, il vient vers moi et m'accoste.

« Bonjour, mademoiselle. Puis-je vous demander quelque chose ? »

Je sens le rouge me monter aux joues. Il voudra de l'argent, je n'en ai pas, il va hocher la tête en pensant que...

« Vous êtes sûrement la seule à qui je puisse demander ça. Sûrement. Je vous vois depuis longtemps. En quelque sorte, nous sommes de vieilles connaissances... »

Il sourit dans sa barbe de quinze jours. Son regard est bleu. Étonnamment bleu. Presque transparent. Où l'homme veut-il en venir ?

« Qui d'autre que vous... Qui d'autre que vous pourrait me donner neuf mots... Neuf mots que j'emporterais sur une île déserte ?... »

Il doit lire la stupeur sur mon visage. Maintenant, il sourit franchement.

« Je pars très prochainement. Je n'ai droit qu'à emporter neuf mots. Pas un de plus, mais pas un de moins. »

Au fond, je suis soulagée. Il n'est pas question d'argent. Qu'est-ce que je risque ? Je sors mon agenda, et griffonne sur la page d'aujourd'hui une suite de mots. Je n'ai pas eu à chercher longtemps, ils sont venus comme ça, presque *naturellement*.

J'ai terminé. Je déchire la feuille et la lui tends. L'homme la prend, la lit en bougeant la tête doucement. Puis il me la rend.

« Vous n'en voulez pas ? Ça ne vous convient pas ?

— J'ai lu. Je vous remercie. Les mots sont dans ma tête. Croyez-moi. J'ai bonne mémoire. »

Toujours ce regard... Que faire ? Je prends la page, je la plie en quatre et la fourre dans ma poche de blouson.

L'homme s'est rassis. Il n'a plus son gobelet métallique entre les jambes mais il regarde *de nouveau* ailleurs. Oui, comme s'il fixait un point connu de lui seul.

Je passe devant lui. Je grimpe les escaliers, et, déjà, il me manque. Pourquoi ne lui ai-je pas parlé ? Quelque chose me plaît en cet homme...

Chez Sophie, le temps passe lentement.

« On dirait que tu as la tête ailleurs », me dit-elle à plusieurs reprises.

Ailleurs... Sur une île déserte ? Je m'arrêterai au retour. Je m'accroupirai au bas des marches pour lui parler.

« Tu pars déjà ? »

Oui, Sophie. Je pars. Je veux que cet homme me dise son secret. Tout de suite.

Je ne marche plus, je cours. J'arrive hors d'haleine sous la pendule du quai. Je traverse le boulevard. Je dégringole les escaliers.

Le vide. Plus personne d'autre que des gens qui vont, qui viennent, anonymes.

J'arrive trop tard. Il est sûrement parti pour son île déserte. Déjà ? Est-ce qu'il n'aurait pas pu attendre un peu ?

Vous vous dites que je fabule, n'est-ce pas ? Alors, cette page de mon agenda sur laquelle j'ai tracé neuf mots, je vous l'adresse comme preuve de ma bonne foi.

Laure

Post-scriptum : Tout d'abord, j'ai eu peur d'avoir écrit trop vite, et d'avoir oublié une partie de l'essentiel. Pourtant, tout y est. Regardez attentivement chacun des neuf mots de cette liste qui, en vérité, en contient davantage. Vous verrez que sans *eau*, la beauté ne serait pas ce qu'elle est, et que l'*ami* fait toujours partie de la famille.

8	14....................	**DIMANCHE 10**
9	15....................	
10	16....................	**(07) Juillet**
11	17....................	
12	18....................	
13	19....................	27e semaine

1 Famille
2 Amour
3 bonheur
4 Calme
5 Chat
6 vie
7 ~~[illegible]~~
7 beauté
8 musique
9 nourriture

Mardi 12 *juillet 19..*

Vous avez un chat. Il est arrivé à pas de loup du pays des chats. Envoyé par le roi. Ce soir-là, les mots ne vous venaient pas. Sur cette route qui n'appartient qu'à vous, vous étiez en panne.

Arrêtez-moi si je me trompe.

Vous étiez en panne. Personne ne passait. Et pour cause. Alors, quelque chose comme le désespoir vous a saisi. Vous vous êtes dit :

« Jamais plus je ne pourrai écrire. »

C'était terrible. A un moment, vous avez tenté d'aligner trois phrases. Et vous vous êtes relu, et vous avez tout raturé, et vous avez fait une boule de la feuille de papier pour la lancer dans la corbeille. Mais vous n'êtes pas Magic Johnson, et vous avez raté le panier.

Que la foudre tombe sur moi si je ne dis pas la vérité.

Là-haut, le roi s'est inquiété. Il a réuni le Grand Conseil. Il a expliqué votre cas.

« Qui veut y aller ? » a-t-il demandé.

Un angora s'est levé. Un persan a proposé ses services. Le roi a décliné les offres.

« Je vous remercie, mais cet écrivain est un homme simple. Il faudrait qu'un chat de gouttière se portât volontaire. »

Au bord de votre route, tout était silence et obscurité. Et puis vous avez aperçu deux petites lumières qui paraissaient lointaines.

« On vient, vous êtes-vous dit. La voiture sera là dans deux ou trois minutes. »

Les lumières ne grossissaient pas. Elles restaient fixes. Et vous avez compris quand, tout à côté, vous avez senti comme une présence.

Depuis ce fameux soir, vous avez un chat. D'une rare élégance, de l'espèce des tigres, faux dormeur, aux aguets jusque dans son sommeil.

Quand les mots viennent à manquer, vous caressez la tête dure, la tête aux yeux mi-clos. Vous attendez un instant, et, de nouveau, des phrases naissent.

Parfois, vous êtes inquiet. Vous vous demandez :

« Et quand ce chat disparaîtra, qu'est-ce que je deviendrai ? »

Soyez rassuré, monsieur. Les chats ont neuf vies, l'aviez-vous oublié ? Cela vous laisse le temps d'écrire quelques livres.

Et puis, de toute manière, là-haut veille le roi des chats.

Alors, pourquoi vous en faire ?

Laure

Jeudi 14 *juillet 19..*

Tandis que ma chatte dormait, j'ai pris les yeux d'Émeraude. Pour voir de nuit.

Sans me retourner, je marche à grands pas sur des chemins que j'imagine. Il y a le vent dans mes cheveux, sur mon visage.

La grande bâtisse est au bout de l'allée. C'est là que vous habitez, en secret, c'est là que vos rêves d'écrivain prennent forme. Dans cette pièce mansardée qui vous est comme un immense territoire.

J'ai beau vouloir être légère, les graviers crissent. Et comme la vie est une longue patience, j'attendrai le temps qu'il faudra, obstinée, jusqu'à ce que la lumière s'éteigne.

S'il y avait une église, minuit sonnerait sans doute, mais votre demeure est à des lieues et des lieues de ces maisons qui forment des villages.

Zut ! Et si votre majordome était un insomniaque ? Zut encore ! Peut-être avez-vous des chiens...

Vous avez éteint. Enfin. La façade de la grande bâtisse est noire. Comment le roi a-t-il pu dormir ici ? Ne dit-on pas qu'il s'est arrêté un soir en ces lieux ?

Vous vous êtes endormi, sans même avoir tourné les pages d'un livre toujours recommencé.

Encore quelques secondes. J'abaisse la poignée de la porte, j'entre. Je laisse mes chaussures dans le hall, j'avance pieds nus sur le carrelage.

L'escalier grince, mais le sommeil qui vous a saisi est tant profond que d'autres s'y noieraient.

Prête à servir, une feuille est en place, sur la Remington portative, la Remington noire trônant sur votre table de travail.

Je n'ai jamais su taper à la machine. J'appuie de l'index sur les touches.

Écoutez les cris des grands cormorans noirs,
des mouettes rieuses.
Vous connaîtrez alors le pouvoir d'envoûtement.

C'est tout. Je quitte cette pièce mansardée qui vous est comme un immense territoire.

L'escalier grince.

Le carrelage du hall est froid.

Et si votre majordome rentrait de sa promenade nocturne ? Et si ces chiens que vous avez peut-être me sautaient à la gorge ?

Je cours dans l'allée comme si la grande bâtisse était à mes trousses. Mes pieds me font mal. Je cours dans l'allée, mes pieds me font mal.

J'ai oublié de remettre mes chaussures. Je reviendrai un de ces soirs pour continuer le poème.

Laure

Vendredi 15 *juillet 19..*

C'est folie que de vous écrire. Vous déchirez mes lettres après les avoir lues en haussant les épaules, agacé ou méprisant. Non. Vous ne décachetez même pas mes enveloppes, vous les jetez dans votre corbeille à papier.

C'est folie que de vous écrire. Je vous écris, je suis donc folle. Et ce serait folie que de croire être la seule de vos lectrices et de vos élèves à vous adresser un tel courrier. Pourquoi n'y aurait-il que moi ?

C'est folie que de vous écrire, à vous qui écrivez pour des milliers d'autres. Avez-vous remarqué la différence ? J'écris *à*, tandis que vous écrivez *pour*. Deux prépositions nous séparent. Un gouffre.

C'est folie que de vous écrire, et de penser que vous me répondriez si vous aviez mon adresse. Mais, tant que je ne vous la donne pas, je reste libre d'imaginer que vous ne laisseriez pas la moindre de mes lettres en souffrance. En ne vous révélant pas mon identité, je me protège. Je n'ai pas à attendre avec appréhension la venue du facteur. Dans la boîte aux lettres, il n'y a jamais rien de vous pour moi.

C'est folie que de vous écrire, mais c'est bien moins fou que de ne pas le faire.

Laure

Lundi 18 juillet 19..

Hier soir, mes parents se sont disputés. Ça a été terrible. Est-ce que je sais comment ça a commencé ? Et qui a commencé ? Est-ce qu'ils le savent eux-mêmes ?

Avant que le ton ne monte, ma mère a dit à Marie :

« Va dans ta chambre. Va. Il est tard. »

Puis elle m'a regardée, mais j'ai voulu rester. Comme si cela allait empêcher quelque chose…

C'est mon père qui a crié le premier. C'est sûr. Quand c'est comme ça, qu'il est hors de lui, il devient rouge, la voix est aiguë, il tremble.

Un jour, il aura une attaque, il tombera par terre, on l'emportera mais il sera trop tard.

Je sais que je les ai suppliés d'arrêter, mais rien à faire, ils ne m'écoutaient pas. Ils se jetaient à la figure des mots de colère. Ma mère a défié mon père :

« Qu'est-ce que tu attends, hein ? »

J'ai repoussé une chaise, je suis montée à toute allure au premier, j'ai poussé la porte de la salle de bains, j'ai allumé. Le néon, ça vous fait une drôle de bobine et le teint terreux. Là, j'étais pâle comme la mort.

Tout ce qui peut vous passer par la tête dans ces moments-là… J'ai pensé à Mathilde de la Mole, dans *Le Rouge et le Noir*…

Alors, j'ai pris les ciseaux, j'ai taillé dans ces longs cheveux noirs que mon père aime tant. Et puis j'ai coupé, coupé encore.

Je suis redescendue. C'était fini. Ils étaient comme des lutteurs à bout de souffle.

Mon père m'a regardée. Il semblait hébété. Il a répété :

« Qu'est-ce que tu as fait, mon Dieu ? Mais qu'est-ce que tu as fait ? »

Il est venu vers moi. Il m'a pris les ciseaux des mains.

« Du calme, ma grande. Du calme. »

J'avais envie de leur dire que je les aimais,

qu'ils m'avaient fait mal en se faisant du mal, mais aucun son ne sortait. J'avais la gorge nouée.

J'ai sangloté quand mon père m'a serrée contre lui.

Et puis je suis remontée vers la salle de bains. Pour faire disparaître toutes ces mèches que j'avais coupées. J'ai jeté le tout dans la poubelle.

Non, pas tout. J'ai gardé une mèche. Elle me brûle les doigts. Je vous l'envoie.

Les cheveux ne meurent pas. Ils restent intacts. Conservez ceux-ci des milliers d'années. En souvenir de moi.

Laure

Mercredi 20 *juillet 19..*

Après le drame de dimanche soir, mes cheveux se sont réconciliés. Stop. Tout est rentré dans l'ordre, et mes parents aussi. Fin.

Laure

Jeudi 21 juillet 19..

8 heures. Je viens de me réveiller en larmes. Mon oreiller est mouillé. Je n'ai pas encore pris mon petit-déjeuner. J'ai eu hâte de vous retrouver.

Je sors à peine d'un mauvais rêve. Quand je vous aurai tout expliqué, vous ne sourirez pas du chagrin d'une adolescente.

Dans le jardin qui se trouve derrière notre pavillon, mon père a creusé une piscine. Il a tout fait de ses mains. Oh ! ce n'est pas un bassin olympique, mais c'est tout de même assez profond pour y plonger, et suffisamment large pour y faire quelques brasses.

Le samedi de l'inauguration, à minuit sonnant, je me suis baignée. Il n'y avait pas plus star que moi. Les journalistes voulaient une interview, les moteurs des caméras tournaient. Plus que Garbo et Marilyn, j'étais Laure et Hollywood m'aimait.

Cela, je l'ai revécu en rêve. Puis le cauchemar a commencé. Mon père a reçu des coups de téléphone et des lettres anonymes. A cause de la piscine. On le traitait de nouveau riche, on l'injuriait, on disait qu'il n'avait pu la faire construire que grâce à une fortune acquise malhonnêtement. Les voisins se sont ligués contre nous et ne nous ont plus adressé la parole. La famille nous a tenus à l'écart. Au collège même, on m'a attaquée et j'ai dû défendre mon père bec et ongles. A la fin, la classe entière m'a mise en quarantaine.

Depuis cette nuit, je crois savoir à quel point j'aime mon père. Je sais aussi que la jalousie et la haine des autres peuvent nous mener au bord du gouffre, et que leur méchanceté peut être telle qu'elle se manifeste jusque dans nos rêves.

Laure

Vendredi 22 juillet 19..

Pour peu que je vous connaisse, je crois que vous ne ressemblez guère à mon père. Pourtant, vous avez au moins un point commun : la tendance à utiliser le raccourci. Vous dans le domaine littéraire (votre écriture est souvent ramassée, elliptique), mon père à des fins itinérantes (quand il voyage, il souhaiterait presque arriver avant de partir..).

Mais écoutez plutôt…

Dimanche dernier, 17 heures. Dans l'entrée de la maison, nous sommes quatre à piaffer d'impatience : mes sœurs Marie et Sophie, mon amie Charlotte et moi. Pourquoi cette fébrilité… ?

Nous allons écouter Jean-Jacques Goldman au Zénith. Le concert commence à 19 heures. Est-ce tout ? Non. Mon père nous conduit en voiture.

Les minutes s'écoulent, mon père passe et repasse : il ne sait plus où sont ses clés, ses papiers, il se demande s'il doit mettre une veste ou un blouson. Nous nous taisons afin de ne point entamer une relative et paternelle bonne humeur.

A 17 heures 15, mon père est au volant et tourne la clé de contact. Dieu merci, le moteur ronronne, la voiture démarre. Le ciel est avec nous.

A 17 heures 45 (je regarde sans cesse ma montre), embardée : mon père a brusquement viré à droite. A Sophie qui ose s'inquiéter, il répond qu'il ne s'est pas trompé de chemin. Puis :

« Ne te fais pas de souci. Je connais la route comme ma poche. Ça doit bouchonner sur le périph. Alors nous allons prendre au plus court et passer par le Bois... »

Et comme Sophie insiste :

« Nous serons arrivés dans une demi-heure, même pas. Nous sommes partis trop tôt, bien trop tôt. Crois-moi, ça nous fera du bien de couper par le Bois. Les arbres fabriquent de l'oxygène, et, l'oxygène, c'est bon pour les poumons. C'est la vie. »

Le ton de mon père – grand écologiste

devant l'Éternel – est sans réplique. Sophie se tait.

A 18 heures, nous arrivons à l'orée du Bois de Vincennes.

D'autres ont eu la même idée que mon père ; d'autres encore sont venus passer l'après-midi au Bois et repartent.

Embouteillage monstre. Nous roulons pare-chocs contre pare-chocs. Roulons-nous, seulement ?

A 18 heures 30, nous sommes toujours dans le Bois. Jean-Jacques Goldman, *lui*, est certainement dans *sa* loge. *Il se* prépare. *Il* va bientôt entrer en scène.

19 heures. Château de Vincennes. Mon père se gare en catastrophe sur un trottoir. Il est écarlate.

« Qu'est-ce qu'on fait ? demande Marie.

— Qu'est-ce qu'on fait... Qu'est-ce qu'on fait, bougonne mon père. On prend le métro, tiens. »

Le métro. Il ne manquait plus que ça. Tandis que nous dégringolons les marches menant au cœur du labyrinthe, je m'assombris. Me viennent à l'esprit de parricides pensées.

Quinze stations pour rejoindre le bout du monde. Quinze. Entre chacune d'elles, deux minutes de trajet. Une demi-heure au total, comme un avant-goût d'éternité.

A 19 heures 40, nous touchons enfin au but. Le Zénith. Nous courons. Nous courons. Nous entendons une musique.

Il a déjà commencé. J'ai raté le début de *son* concert…

Soyez rassuré, monsieur, si vous étiez inquiet. Je n'ai pas tué mon père et, finalement, j'ai bien assisté au concert de Jean-Jacques Goldman dans son intégralité. Cette musique à notre arrivée, c'était celle du groupe qui passait en première partie du spectacle.

Souriez. Moquez-vous de moi. N'y avait-il pas d'embouteillages sur le périphérique lorsque vous alliez entendre Serge Gainsbourg au Zénith ?

Laure

Lundi 25 juillet 19..

Vos angoisses à vous, monsieur, ne peuvent être que métaphysiques. Vous évoluez au-dessus des nuées, volant en pensée quand vos ailes de géant vous empêchent de marcher sur ces chemins où nous allons, nous, pauvres mortels…

Mes soucis sont plus terre à terre. Laissez-moi vous en exposer un que je partage avec bien d'autres…

A la fin du XVIIIe siècle, afin qu'on ne fasse plus deux poids deux mesures, le gramme et le mètre furent inventés. Depuis lors, nous, les femmes et les filles, nous avons un problème de taille : nos kilos. Évoquant à l'instant une ère révolutionnaire, je peux dire que la terreur me prend parfois quand, après une semaine, je monte sur le pèse-personne…

Nous partons dans huit jours à peine, et c'est l'angoisse. J'ai 1,5 kilo d'écart par rapport au poids idéal que je me suis fixé. 1,5 kilo de trop, bien sûr. Si j'étais en dessous de « ma » moyenne, je n'en parlerais pas.

Pour tout dire, à en croire les magazines que je subtilise dans le salon et que j'emporte dans ma chambre, j'aurais un « début de surcharge sur les hanches ». Pas dramatique, mais tout de même préoccupant.

Et tandis que mes parents croient que je relis *Bouvard et Pécuchet*, je compare, affalée sur mon lit, menus et recettes conseillés, les différents régimes A SUIVRE ABSOLUMENT. Si les avis divergent, les diététiciens semblent s'être mis d'accord sur le pamplemousse, ce fruit qui AIDE A COMBATTRE LE TROP-PLEIN DE RONDEURS. Tout un programme.

J'avais cru pouvoir miser sur les biscottes. Hélas ! Ce matin, sur l'emballage, j'ai lu qu'elles contenaient 77 % de glucides. Le sucre n'est-il pas à bannir ? Du coup, et sans parler des autres repas, je suis perplexe pour ce qui concerne mes futurs petits déjeuners.

En période scolaire, pas de problème : avec le

stress, les devoirs, on n'a pas vraiment le temps de penser à manger. Mais après que le collège a fermé ses portes, vient ce moment difficile des pré-vacances. Les amis commencent à partir, on traîne, désœuvré, on grignote toute la journée.

Pardonnez-moi, monsieur. Ces questions de poids vous sembleront sûrement futiles mais, nous les filles, n'avons-nous pas besoin de nous sentir physiquement bien ? Pour plaire et pour nous rassurer ? La confiance en nous que nous pouvons avoir reste fragile. Un kilo de trop, et c'est le doute. Deux kilos supplémentaires et nous voilà désespérées.

En plus de notre regard, il y a celui des autres : les garçons, bien entendu, mais surtout les filles. Encore une huitaine, et je serai sur la grande plage de La Baule. On ne me fera pas de cadeau.

« Tu as vu ? Laure a un nouveau maillot de bain...

— Tu parles ! Sa mère a dû lui refiler le sien. Tu n'as pas remarqué comme elle a épaissi. Surtout des hanches... »

Voilà, monsieur. Si près de l'échéance, j'en suis à me peser chaque matin. Trois cents grammes de perdu, c'est l'espoir retrouvé. Cinq cents grammes en plus et la journée est fichue.

A part les boxeurs et les jockeys, les hommes ont-ils de semblables soucis ?

Ce qui nous rapproche, nous, les filles et les femmes, c'est que, poissons ou taureaux, vierges ou cancers, nous sommes toutes un peu du signe de la balance…

Laure

Samedi 30 *juillet 19..*

Je ne peux contenir cette joie immense qui m'envahit. Il fallait que je me livre. C'est pour cela que je vous écris.

Nous sommes arrivés. Où ? A La Baule, bien sûr.

Comme chaque année, je vais retrouver le soleil, la mer, les somptueuses coupes glacées de l'*Océane*, et tant pis pour ce que pourrait en penser mon pèse-personne resté à la maison. Ah ! mon père,
mon père et son humeur joviale, sa proverbiale
humeur joviale
retrouvée en ces

estivales journées ! Ah ! Charles et Lucette ! Comment ! vous ne connaissez pas Charles et Lucette Saudian ? mon Dieu…

Je suis folle, monsieur, cher écrivain et néanmoins ami, folle.

A bientôt.
Laure

Post-scriptum : Pardonnez la brièveté de cette lettre, mais je file à la plage où, sans aucun doute, m'attend depuis début juillet l'homme de ma vie…

Lundi 1er août 19..

Tout à l'heure, « nous » sortons. J'ai mis des guillemets car vous êtes aussi concerné. Mes parents, Marie, vous et moi, nous allons prendre l'apéritif chez les Saudian.

Je vous écris pour le meilleur et pour le pire ; deux heures chez Charles et Lucette Saudian, ça n'est certes pas le pire, mais c'est loin d'être le meilleur.

Déjà : je devrai quitter la plage à 17 heures, soit deux heures de mer en moins. Comme chaque année, j'ai emporté trop d'affaires, et je ne vais pas savoir quoi me mettre. Une robe ou un jean ? Va pour une robe, mais laquelle ?

A 17 heures 45, nous sortirons pour nous rendre chez les Saudian afin d'y être à 18 heures précises. C'est à trois pâtés de maisons de notre location, et l'on ne risque pas d'être en retard. Mais, avec mon père, l'heure c'est l'heure.

C'est grâce à Charles que nous venons ici depuis que ce monde est aussi devenu le mien. Charles, c'est un ami d'enfance de mon père. Il s'est établi à La Baule juste après ma naissance. Et tout s'est fait comme naturellement. Un jour, Charles a dit à mes parents :

« Pourquoi ne viendriez-vous pas à La Baule pour les vacances ? Ça ne vous empêcherait pas d'aller ailleurs les autres années, ou une année sur deux. »

Total, nous n'avons jamais été *ailleurs*. C'est comme si les Alpes, la Côte d'Azur et les gorges du Verdon étaient rayées de la carte Michelin. Mais je suis injuste : nous connaissons tout de même quelques châteaux de la Loire… Et la Normandie.

Donc, La Baule hier, aujourd'hui et demain. Pardonnez-moi, mais, ras La Baule, parfois.

Lucette va m'embrasser quatre fois, et me coller de sa crème après soleil. S'écartant de moi, elle me regardera de bas en haut (« mon Dieu, comme cette petite a grandi » – *sic*). Puis, après les habituels conseils sur l'acné (« mais non, Laure, ça n'est pas une fatalité »), elle dira à ma mère :

« Soyez vigilante, les garçons risquent de vous la prendre. »

Apéritif et amuse-gueule, on parlera du temps (« Il fait presque toujours beau, ici ; c'est comme si on était au sud, et le climat est tellement plus sain »), de ma prochaine année au lycée, du Rwanda, peut-être, mais vite, par crainte du choléra (« à notre époque, des choses pareilles, tout de même »).

Sachant que vous veniez, vous l'écrivain-ami-de-la-famille, Lucette aura dissimulé sa collection *Sélection du Reader's Digest*, et placé en évidence sur la table du salon trois ouvrages de poche trouvés in extremis chez le brocanteur du coin : *La Condition humaine*, *Chiens perdus sans collier*, *Autant en emporte le vent*. Et montrant son amour de la littérature par de pertinentes questions, elle vous demandera si vous écrivez debout, et comment vous vient l'inspiration.

Quand arrivera la cérémonie des adieux, vous vous étonnerez peut-être intérieurement que Charles n'ait pas prononcé plus de trois mots. Si Charles se tait, c'est que Lucette s'est attribuée depuis longtemps la fonction de porte-parole du couple.

Après un rapide retour – pour ne pas manquer le journal télévisé de vingt heures –, nous nous quitterons devant notre location. Et juste avant que vous ne disparaissiez, mon père vous aura lancé une mémorable invitation :

« Avant notre départ de La Baule, les Saudian viendront prendre l'apéritif. Soyez donc des nôtres. »

Comment pourriez-vous refuser ?

Laure

Mercredi 3 août 19..

On rencontre ici toutes sortes de gens : les Baulois et les vacanciers, des gros et des maigres, des pauvres et des fortunés, des blonds et des bruns, chacun, bien entendu, pouvant appartenir à plusieurs catégories.

Mais, surtout, il y a ceux qui sont hâlés, et les autres que le soleil fait tout juste rougir.

Ah ! le bronze de la peau ! voilà le vrai métal précieux, le signe extérieur de l'authentique richesse. Regardez mon épiderme, vous apercevrez peut-être mon âme. Du bronze ? Où avais-je la tête ? De l'or brun coule ici à flots. Les chercheurs sont nombreux, mais tous ne sont pas récompensés. Alors, ces malchanceux courent le centre ville, et tentent de s'attirer les bonnes grâces des pharmaciens ; ils ont abandonné toute fierté à la porte, ils espèrent que leur mal n'est pas incurable, ils mendient des conseils, ils tombent parfois sur un préparateur en pharmacie, un homme incorruptible qui refuse de se prêter au jeu.

« Mais non, mademoiselle, je ne peux rien pour vous. Vous ne brunirez pas parce que vous n'avez pas une peau à ça. Consolez-vous en vous disant que le bronzage est une brûlure. »

Les mots sont tombés comme un couperet. Pourtant, la malheureuse s'obstine, et pèlera après des heures d'exposition au soleil. Un soleil de plomb.

J'ai dû penser à voix haute. J'entends persifler une arrière-grand-mère.

« De mon temps, ma petite Laure, la mode était au teint de lait. Nous nous couvrions le plus possible. A l'ombre de nos chapeaux de paille et de nos larges ombrelles, nous étions fraîches en nos dentelles. »

Le pharmacien, tout à l'heure. Et maintenant celle-là…

« Eh bien ! mère grand ! vos ombrelles sont depuis longtemps repliées. Avec vos dentelles jaunies, elles attendent l'amateur au fond des malles des antiquaires. Quant à vos chapeaux de paille, ils se sont envolés. Et votre lait a tourné. Qu'y puis-je ? »

Laure

Post-scriptum : Relisant ma lettre, je la trouve méchante. Mais ce qui est dit est dit. Tant pis. Il ne faut rien regretter. Et puis, cette grand-mère m'a énervée. « De mon temps, *ma petite* Laure… » Sur quel ton elle a dit ça !

Jeudi 4 *août 19..*

Je fais comme si je passais mes vacances à La Baule. C'est de là que je vous poste mon courrier, mais, en vérité, je n'y suis pas. Alors, me diriez-vous, si vous pouviez m'écrire, pourquoi parler d'un endroit si l'on se trouve dans un autre ?

Laissez-moi vous expliquer.

Il y a ma mère. Elle occupe une place folle sur la plage. Et quand je me crois enfin seule, son ombre me suit implacablement.

Il y a mon père. Il descend moins souvent, certes, mais sa présence se fait d'autant plus remarquer qu'elle est rare. Telle est du moins mon impression. Est-ce à cause de son éternelle chemise à fleurs ? Peut-être. Quand il arrive, j'ai le sentiment qu'on le regarde comme si le printemps débarquait sur la plage, et j'ai envie de rentrer dans le sable.

Il y a Marie. « Où vas-tu, Laure ? » « Hé ! tu m'attends ? » « Tu viens me pousser sur la balançoire ? » « Paie-moi une gaufre, je te rembourserai le mois prochain. Juré. »

Mais revenons à nos moutons. Admettons : je vous dévoile le lieu de ma villégiature. Bien. Maintenant, imaginons :

✓ vous ne savez où passer vos vacances ;

✓ « Tiens, vous dites-vous, et si j'allais quelques jours en Bretagne, là où est cette petite (merci pour « la petite »). N'est-ce pas une idée ? En cherchant bien, et avec un peu de chance, je la rencontrerai... »

✓ encore plus voyant que mon père, vous débarquez sur la plage, la sacoche de cuir en bandoulière, un parapluie à la main. Vous avez apporté votre machine à écrire et vous chantonnez, Gainsbourg oblige :

> « Sur ma Remington portative
> J'ai écrit ton nom Laetitia
> Elaeudanla Téïtéïa. »

✓ tout à coup, vous vous interposez entre le

soleil et moi. C'est que vous m'avez reconnue entre mille, malgré que je sois en partie cachée par mon père, à droite, ma mère, à gauche, et Marie couchée à mes pieds. Je suis bien plus prisonnière que Fabrice dans la tour Farnèse (eh oui ! monsieur, j'ai attaqué *La Chartreuse de Parme*) ;

✓ j'essaie de dissimuler *Lagaffe mérite des baffes* sous ma serviette de bain ;

✓ après nous avoir salués, vous fouillez dans votre cartable, et vous brandissez un livre : « Tiens, me dites-vous, j'ai pensé à toi. Je t'ai apporté *Le Désert des Tartares.* »

Ah ! si vous aviez parlé de dessert des Tartares, je me serais levée d'un bond et vous aurais suivi à l'*Océane* afin de goûter à cette nouvelle coupe glacée… Mais non !

Vous comprenez pourquoi, monsieur l'écrivain, je poste mon courrier de La Baule.

Laure

Vendredi 5 *août 19..*

A contempler les cieux, certains oublient que leur avenir est peut-être inscrit dans les étoiles. Êtes-vous superstitieux ? Pour ma part, jamais je n'ouvrirais un parapluie à l'intérieur de la maison, et j'appréhende les vendredis 13…

Hier soir, feuilletant un magazine, je tombe sur un horoscope. Mon signe est à l'honneur. Les nouvelles sont excellentes. Lisez plutôt…

✓ Durant les vacances, je vais traverser une période formidable. Bonheur, plaisir et passion seront au rendez-vous.

✓ On confirme ce que je soupçonnais : si j'apparais parfaitement équilibrée et sans problèmes, je ne suis en réalité qu'une anxieuse ayant besoin de sécurité et de stabilité. Surtout en amour. Fragile prince charmant s'abstenir…

✓ Justement, à propos d'amour : pendant la première quinzaine d'août, des planètes me soutiendront, neutralisant l'influence négative de Jupiter (je l'ai échappé belle). A partir du 10 août, l'amour FOU prendra place dans ma vie.

✓ On affirme que je me sentirai mieux dans ma peau et qu'il émanera de moi un « extraordinaire magnétisme » dont j'userai avec une « habileté diabolique ». Je n'en demandais pas tant, et je rougis presque en apprenant que je vais « brûler de tous mes feux grâce à mon charme ». Textuel…

Du coup, troublée, je me couche la dernière, et j'ai du mal à m'endormir. Je songe à la journée du lendemain, à ces garçons qui jouent au volley non loin de l'endroit où mon père-chef-de-tribu plante le parasol familial…

Le cerveau fonctionne la nuit : au réveil, j'ai mon plan. Ne reste plus qu'à mener à bien l'entreprise… Le petit déjeuner avalé, je décroche une robe à fleurs dans la penderie. Puis je fonce vers la salle de bains où je me barricade.

Douche. Séchage (corps et cheveux). Coiffure (je laisse libres mes cheveux noirs). Déjà 9 heures 30. Il est temps de procéder à l'opération maquillage…

✓ un peu de mascara noir pour faire ressortir le bleu de mes yeux, et accentuer, sait-on jamais, leur intensité.

✓ un trait de crayon rose afin de redessiner le contour de mes lèvres trop fines ;

✓ une touche de blush rose sur les pommettes : n'est-ce pas le moment de donner l'impression qu'on a bonne mine ?

✓ un léger nuage d'un parfum subtil.

10 heures. Je sors de la salle de bains. A la porte, ma mère piaffe d'impatience :

« Tu en mets un temps à te préparer ! Mais… tu t'es maquillée ! Tu es folle ! Pour aller où ? »

Il faut faire vite. L'esprit de ma mère est en alerte.

« Je dois passer à la librairie. Tu sais, avant les vacances, j'ai reçu une liste d'ouvrages dont la lecture est conseillée. Je vais acheter *La Maison de Claudine*. Qu'est-ce que t'en penses ? »

Que du bien ! Ma mère ne jure que par Colette ; ma ruse semble avoir réussi. Comment pourrait-elle soupçonner que je vais filer à la plage, *puisque je suis maquillée*? Aussi : j'aurais parlé de Voltaire ou de Gide… Mais ma mère est aux anges : sa fille va découvrir Colette.

« Tu vas voir. Une fois qu'on a commencé… Tu as de l'argent ? »

C'est gagné. Pour ce matin, je suis libre comme l'air. Simplement, avant d'aller à la plage (« ils » y sont du matin au soir : « ils » se baignent ou jouent au volley), j'irai à la librairie du centre ville. Celle de la rue piétonne.

La poste… Le tabac… Le manège de la grand-place. Ça y est, me voilà près du jet d'eau.

« Laure ! Laure ! »

Cette voix… Je fais comme si je n'avais pas entendu. C'est tout juste si j'accélère légèrement le pas.

« Laure ! Attends-moi ! Laure ! »

Je m'arrête. Je me résigne à me retourner.

Lucette est devant moi, essoufflée.

« Je suis passée chez vous juste après ton départ. Ta mère m'a dit. J'ai couru pour te rattraper. J'ai un livre à prendre pour Paul, le neveu de Charles. C'est bientôt son anniversaire. Tu pourras sûrement m'aider à choisir un titre. Tiens, pour la peine, après, tu me laisseras t'offrir une glace sur le remblai. Et puis nous reviendrons ensemble… »

Que vous soyez ou non de mon signe, monsieur, méfiez-vous du lendemain, des planètes, et surtout de Jupiter…

Laure

Dimanche 7 août 19..

Hier, à La Baule, la chaleur a été étouffante. Après le dîner, Marie s'est pendue au cou de mon père, comme elle sait le faire.

Et nous voilà partis tous quatre à l'*Océane*.

Tout sourire, armée d'un bloc et d'un stylo, la serveuse est arrivée.

« Ces messieurs-dames désirent ? »

Ma mère a passé une langue gourmande sur ses lèvres.

« Une *Estivale*. »

L'*Estivale*, c'est somptueux : trois glaces – poire, pêche, framboise –, un coulis de fruit et de la crème chantilly.

« Et pour monsieur ?

— Une *Colonel.* »

Ça, c'est plus austère : sorbet citron, vodka.

Quand est venu mon tour, j'ai plongé le nez dans la carte. Du coup, la serveuse a interrogé ma sœur. En souvenir de la coupe du monde de football, sûrement, et en l'honneur du Brésil (j'étais pour la Suède), Marie a commandé la *Rio de Janeiro* : crème glacée café, vanille, ananas au sirop, crème chantilly.

Maintenant, c'était à moi. J'étais au pied du mur...

J'ai avalé ma salive. Il y avait la *Dame blanche* (crème glacée vanille nappée de chocolat tiède, crème chantilly) et la *Cap Horn* (trois glaces chocolat, menthe, poire, avec chocolat et chantilly). Et encore : la coupe *Baiser* (trois glaces framboise, cerise, myrtille, coulis de framboise et chantilly). Et aussi : la coupe *Doudou* (sorbets fruits de la passion, citron vert, noix de coco, fruits confits, rhum blanc). Comme dans un rêve, j'ai vu défiler la *Congolaise* et l'*Himalaya*, la *Cumulus*, la *Panthère rose* et la *Palette Gauguin*...

J'ai pris la serviette en papier qui était sur la table, je me suis tamponné le front.

« Ça ne va pas, mademoiselle ? La chaleur, sans doute... »

J'ai pensé à M... qui me trouve bonne mine

quand j'ai pris un kilo, j'ai songé que quelques heures à peine me séparaient de la pesée hebdomadaire, à la pharmacie centrale…

J'ai hésité entre un Perrier citron et un Vittel menthe. Ma mère a dit avec un air pincé :

« Presse-toi, Laure. Ne fais pas attendre. Nous ne sommes pas seuls. »

Ça m'a décidée. J'ai commandé la *Liaison dangereuse* avec glaces pistache, framboise, myrtille, cassis, abricot, citron vert, pêche, oui, SEPT parfums, et de la crème chantilly. Une coupe, excusez du peu, conseillée pour deux personnes.

Laure

Mardi 9 août 19..

Demain ou dans huit jours, il finira bien par pleuvoir. Rien qu'en ouvrant l'œil, j'aurai compris. Ça sera gris en moi, désespérément gris, comme à la fin des vacances quand il fait beau et que tout est rangé dans la voiture, les sacs et les valises, les quilles et le parasol.

Je la connais, la mer du dernier matin, elle est toute belle, elle a sorti ses mouettes et sa dentelle des jours de fête, à moins qu'elle n'envoie les vagues se fracasser la tête la première contre les rochers, histoire de dire :

« Tiens ! que ça résonne dans ton crâne jusqu'à l'année prochaine. »

Mon père a fixé le départ à sept heures. L'heure c'est l'heure, il y a la moyenne à respecter, Paris au bout de la route, j'ai des nausées de périphérique à 450 kilomètres de la capitale. Mon père appuie à fond sur l'accélérateur, ma mère comprend : elle se retourne, passe l'avant-bras par-dessus le siège pour m'effleurer d'une main le cou. Marie somnole avec Émeraude dans les bras.

Le retour, c'est comme l'aller, sauf qu'on revient et que ça fait une sacrée différence. Vous comprenez ça, monsieur ? Vous, les écrivains, vous êtes toujours en vacances, vous ne partez pas, vous revenez encore moins, vous vous trouvez *autre part*, dans des endroits impossibles où personne ne va jamais. Dans un de vos livres, vous avez écrit :

« L'écriture est un voyage. »

Avec d'autres phrases, j'ai mis ces mots sur une feuille volante que j'ai glissée dans mon agenda universitaire, avec la photo d'Émeraude.

Demain ou dans huit jours, il finira bien par pleuvoir. Pour l'instant, il fait beau, et restent encore trois semaines de vacances. Pardonnez-moi. Je ne sais pas ce que j'ai eu. Sûrement un coup de blues.

Laure

Mercredi 10 *août 19..*

La Baule est en émoi. Sur la plage, à la terrasse des bistrots. Les commères des deux sexes sont à la fête et se rattrapent : depuis quelques jours, elles n'avaient pas grand-chose à se mettre sous la dent.

Que se passe-t-il ? Le Tour de France est pourtant terminé, la Coupe du monde de football aussi.

J'en viens au fait : cette après-midi, des coccinelles ont envahi une partie de la ville. Elles ont traîné leur carapace sur les trottoirs, elles se sont agglutinées sur les pare-brises et les tee-shirts, elles se sont mises en grappes dans les cheveux.

Panique.

Vous en chassiez dix, il en revenait cent. Hitchcock n'aurait pas fait pire. *Les Oiseaux*, à côté, c'est un film à l'eau de rose.

Sur le remblai, Marie a failli piquer une crise.

Une coccinelle, ça n'est jamais qu'une bête à bon Dieu, mais mille, dix mille, et ça devient les créatures du diable.

Nous avons traîné notre incertitude et notre angoisse jusqu'à 18 heures, tandis que couraient les rumeurs les plus folles (elles peuvent transmettre l'hépatite C et le Sida).

Et puis nous avons rencontré les Saudian.

« Vous savez la nouvelle ? a dit Lucette. C'est à cause des pucerons. Les pucerons s'en prennent aux rosiers, les coccinelles vont nous en débarrasser. On les a jetées d'un hélicoptère. »

Ma mère a soupiré. Mon père a balayé ses soucis en même temps qu'il chassait d'un revers de main une demi-douzaine de coccinelles qui déambulaient sur sa chemisette à fleurs.

Les pucerons ne séviront bientôt plus, paix à leur âme, et les coccinelles ont la vie brève.

Mais qui donc va nous débarrasser des commères ?

Laure

Vendredi 12 août 19..

Ce matin, en lisant dans un magazine le temps d'ensoleillement des plages, j'ai eu un choc. Si La Baule est favorisée par rapport à d'autres villes, elle n'est pas au top niveau. Cette année, celle qui devrait remporter la palme, c'est Nice, paraît-il.

Où est le problème, me direz-vous ? Oui, s'il y a problème, quel est-il ?

Comme vous ne l'ignorez pas, je suis à La Baule. M..., une petite peste qui se trouvait avec moi en 3e, est à Nice. Vous saisissez ? Si l'on considère le seul ensoleillement, elle risque de revenir plus bronzée que moi. Et comme nous devons nous retrouver à la rentrée au lycée

Montaigne, vous pouvez sans peine imaginer mon inquiétude.

L'ensoleillement n'est cependant pas tout. Il faut compter avec le vent et l'iode. De ce point de vue, La Baule est certainement supérieure à Nice. Alors ?

Alors, mon handicap, mon talon d'Achille, c'est le soleil. Si je reste par trop exposée, j'ai des boutons, des rougeurs, je pèle. Je ne suis bientôt plus qu'un chef-d'œuvre en péril. Ainsi, pendant que je m'abrite alors que le soleil est au zénith, M..., elle, se tourne et se retourne sur la plage de Nice, prenant irrésistiblement des longueurs d'avance.

Pourtant, Nice est une ville malsaine dit-on. L'atmosphère est lourde, l'air irrespirable. Les microbes, sûrement, peuvent se développer à la vitesse grand V. Rares au mois d'août, les angines blanches doivent être terribles et vous clouer au lit pour cinq jours.

Je ne souhaite rien de tel à M... De toute façon, même si cela arrivait, c'est perdu pour moi. Elle reviendra de vacances plus bronzée grâce aux U.V. de sa mère.

Je ne vous cache pas que la journée s'annonce sombre.

Laure

Lundi 15 *août 19..*

Sur la terrasse qui est en face de la nôtre, une vieille dame s'avance chaque matin à petits pas. Elle caresse les feuilles des plantes vertes ornant la balustrade, elle essuie la rampe d'un revers de main.

Alors, seulement, elle regarde au loin.

Son âge, ce n'est sûrement pas le seul secret qu'elle porte. Comment s'appelle-t-elle ? Nous l'ignorons, mais, aussi, quelle importance ? Avec mes parents et Marie, nous disons : Mme Jeanne. Y a-t-il plus doux prénom ?

Pour mon père, elle guette l'arrivée d'une voiture venant de Paris. Ma mère croit qu'elle attend sans impatience l'heure de la distribution du courrier. Sans impatience… Il est juste que ses gestes sont empreints de lenteur et de délicatesse.

Ni voiture ni facteur : la vérité est autre.

En fait, Mme Jeanne regarde *ailleurs*. Autre part que vers la jetée, au-delà du sable de la plage, bien après le port et ses bateaux.

A La Baule, il y a longtemps, la rumeur avait couru qu'une île était sortie des eaux, à l'écart des routes de la mer. Un matin de brume, des marins ont embarqué. L'île, rirait bien qui rirait le dernier, on allait poser le pied dessus, on en rapporterait un fabuleux trésor.

Ces hommes qui chantaient fort en partant, trop fort, on ne les a jamais revus.

Tout simplement, Mme Jeanne attend le retour de son fils. Son fils disparu sur le chemin qui menait à l'île nouvelle ? Ce n'est pas ça, monsieur l'écrivain.

Voilà ce qui s'est passé.

Le fils – appelons-le Pierre – faisait bien partie de l'équipage. Seulement, dans la nuit du départ, un pressentiment le gagne, en même temps qu'une extrême frayeur : un vent va se lever, d'une violence inouïe, creusant comme jamais la mer ; la tempête n'épargnera personne ; en tout cas, pas les aventuriers.

Maintenant, Pierre sait. Il se lève à l'heure dite, et embrasse sa mère. Il sort, et prend le chemin opposé à celui qui conduit au port.

Le voici aux portes de la ville. S'enfonçant dans l'épais brouillard, il marche vers l'Est. Quelques jours après, il est à Paris. Oui, quelques jours après. Quoi ! Arthur Rimbaud ne marchait-il pas, lui aussi ?

Oh ! laissez-moi vous faire part d'un détail qui a son importance : Pierre a un regard bleu, étonnamment bleu, presque transparent.

Rappelez-vous, monsieur. L'homme qui se leva dans le couloir du métro Saint-Michel pour me demander neuf mots, cet homme n'avait-il pas, lui aussi, le regard bleu, étonnamment bleu, presque transparent ? N'aurait-on pas dit qu'il regardait *ailleurs* ?

Demain, si j'ose, j'irai sonner à la porte de la maison de Mme Jeanne.

Laure

Mardi 16 août 19..

Mme Jeanne, c'est peut-être un personnage de roman. A vous de décider. N'êtes-vous pas l'écrivain ?

Ce matin, après que notre voisine eut fait son apparition sur la terrasse, j'ai pris mon courage à deux mains. J'ai traversé la rue, j'ai contourné la maison, je me suis arrêtée devant le portail.

Mon cœur battait fort. Mes jambes flageolaient. J'ai compté jusqu'à soixante. Lentement. Pour essayer de retrouver mon calme. J'ai recommencé à plusieurs reprises.

Puis j'ai sonné.

La patience n'est pas toujours mon fort, et

pourtant, j'aurais pu rester là des heures, à attendre, à MÉRITER Mme Jeanne.

La porte s'est ouverte rapidement. Mme Jeanne est apparue : elle avait eu la courtoisie de descendre l'escalier aussi vite que ses jambes le lui permettaient.

Elle était là, face à moi, cette femme que je n'avais jamais vue que de profil. Légèrement bleutés, ses cheveux étaient relevés en chignon. Elle a parlé tout de suite. Sûrement pour que je n'aie pas le temps de trop la détailler.

« Pardonnez-moi de ne pas vous recevoir, mais la maison est en désordre. Je vous connais un peu. Vous logez de l'autre côté de la rue, n'est-ce pas ? Vous êtes arrivée il y a une quinzaine de jours avec vos parents et votre sœur, c'est cela ? Jusqu'à présent, vous avez été gâtés par le temps… »

Elle s'est arrêtée un instant, cherchant son souffle. Elle a repris :

« Vraiment, je ne peux vous faire entrer. Une autre fois, peut-être… J'aimerais bien que nous fassions plus ample connaissance… »

La voix était douce, un peu hésitante.

« Tenez, ce soir, si vous êtes libres avec vos parents et votre sœur, je vous invite à venir prendre une glace à l'*Océane*. Vous connaissez l'endroit, je crois, et vous semblez l'apprécier…

Vers 21 heures, si cela vous va… Excusez-moi, mademoiselle… »

Mme Jeanne a souri. Puis la porte s'est refermée.

J'étais à la fois déçue, et heureuse. Déçue parce que tout s'était passé très vite, trop vite, et folle de joie car j'allais la revoir, même si ce n'était pas en tête-à-tête.

Vous devinez la suite… Mes parents se sont laissé convaincre. Marie n'était pas enthousiaste de passer la soirée avec une « vieille dame », mais contente de sortir et de manger une glace.

A 20 heures 45, nous étions dehors. Dix minutes après, nous nous installions à la terrasse de l'*Océane*…

A 21 heures 15, ma mère a commencé à soupirer, bientôt rejointe dans son impatience par mon père qui a tambouriné des doigts sur la table.

« Elle ne viendra pas, *ta* Mme Jeanne. »

Elle ne venait pas. A 21 heures 30, nous avons enfin commandé nos coupes. J'ai pris une *Borsalino*. Au hasard…

A un moment, mon père a tapoté le verre de sa montre. Il avait sûrement hâte de sauter hors de cette galère dans laquelle je les avais embarqués.

« 22 heures. Je crois qu'il est temps d'y aller. »

Il a fait signe à la serveuse. Elle est arrivée en traînant les pieds. La journée avait dû être dure.

« Les coupes vous sont offertes, monsieur. Mais si, je vous assure... »

Alors me sont revenus en mémoire des mots de Mme Jeanne :

« Je vous invite à venir prendre une glace à l'*Océane.* »

Mme Jeanne, c'est peut-être un personnage de roman. Peut-être.

Laure

Jeudi 18 *août 19..*

Ce garçon qui pourrait bien devenir l'homme de ma vie, est-il possible qu'il se trouve à La Baule en ce moment même ? Pour ainsi dire à côté de moi ?

Mais, pour le rencontrer, encore faut-il que j'arrive sur la plage à l'heure propice, et que je m'installe au bon endroit.

Et comment le reconnaîtrai-je, en admettant que l'instant et le lieu conviennent ? Les vacanciers sont si nombreux cette année, il y a tant de beaux garçons que vous en regardez dix quand vous croyiez n'en voir qu'un.

Aussi, je dois le séduire, cet adolescent de mes

rêves. Je m'y emploie. Je chasse le point noir avec ténacité, j'emprunte à ma mère ses crèmes de beauté. Pour un peu, je me parfumerais, mais, outre que cela pourrait déplaire, il paraît que ça n'est pas indiqué pour qui s'expose au soleil.

Jusqu'à présent, soit que j'arrive trop tard ou que je reparte trop tôt, rien qui me permette d'affirmer que l'oiseau rare se trouve dans les parages… A moins qu'il ne m'observe – perché sur une dune, ce timide – avec des jumelles aux verres épais. Je plaisante, bien sûr. Ne vaut-il pas mieux rire que pleurer ?

Je prends mon mal en patience. Je me tourne et me retourne sur le sable, je cours me rouler dans les vagues, je reviens m'allonger sur ma serviette de bain garantie grand teint.

« Laure, attention aux rouleaux. La mer est mauvaise. Et remets-toi de la crème, s'il te plaît. »

Je chausse mes lunettes de soleil : la luminosité est si forte…

« Et puis, je t'en prie, reste un peu avec nous. Ton père et moi, nous ne te voyons guère de l'année. »

Est-il possible que, cherchant à s'approcher, ce garçon qui pourrait bien devenir l'homme de ma vie soit effarouché par ma mère ?

Laure

Post-scriptum : ce matin, Mme Jeanne n'est pas venue sur la terrasse. Les plantes vertes ont disparu et les volets sont clos. Pourquoi ne m'a-t-elle pas dit qu'elle partait ? « Une autre fois, peut-être… » Quand ? L'année prochaine ?

Vendredi 19 août 19..

Pas une semaine sans qu'il y ait, dans notre boîte aux lettres, l'un de ces journaux spécialisés dans la publicité. On y trouve, classés par rubrique, des tuiles plates de Beauvais, des billards américains, des chiots cockers, et de ces vieilles demeures où il fait bon vivre, comme cette maison qui est la « séduction du XIXe siècle », sur un hectare de terrain.

Vous qui êtes écrivain, vous devez voir énormément de monde. Je vous adresse mes petites annonces en espérant qu'elles rencontreront un écho favorable auprès de vos amis et connaissances.

Porte-bonheur

Vends à prince charmant malchanceux fer à cheval pour trois fois rien.

Tranquillité

Jeune vacancière recherche un coin de plage où sa mère ne soit pas.

Diplôme

Future lycéenne achète son stylo à plume à étudiant ayant eu son bac avec mention.

Cadeau

Donne à tout moment et à n'importe qui un kilo et demi en trop.

Pièce détachée

Jeune fille en perte d'équilibre pour raisons familiales cherche a louer chambre en ville, même inconfortable.

Tous risques

Belle impatiente offre trois ans de sa vie contre permis de conduire. Moniteur d'auto-école s'abstenir.

Balance

Cède pèse-personne ayant beaucoup servi. Poids à débattre.

TRANSPORT

ÉCHANGE vieil ours en peluche contre scooter MBK avec option béquille latérale.

TOUS LES ESPOIRS SONT PERMIS

Adolescente tourmentée CHERCHE éperdument un midi qui ne soit pas à quatorze heures.

ÂME EN PEINE

ABANDONNE un gros chagrin le soir après 22 heures.

POINTS NOIRS

PERDU : deux heures dans le RER. TROUVÉ : trois comédons devant la glace.

Laure

Dimanche 21 *août 19..*

Hier, entre nuit bleue et sable chaud, je me suis glissée hors de la maison. J'ai marché longtemps à côté de la mer qui venait. Je vous ai rejoint.

Puis je me suis accroupie, face aux vagues.

La lune est sortie de l'eau. Ronde, blanche, intacte. Se peut-il qu'on ait marché sur la lune ? En tout cas, elle est bel et bien sortie de l'eau.

On y voyait comme en plein jour. Plus rien n'existait, pas plus mes parents que La Baule, pas plus la tristesse que les lendemains.

Plus rien n'existait, vraiment ? Il y avait dans l'air un indéfinissable parfum, un murmure comme quand on ferme les yeux pendant une réunion de famille.

J'aurais pu aller droit devant, marcher jusqu'à ce que je disparaisse, mais cela aurait avancé à quoi ?

Il y avait le bruit de l'eau et le silence. Je me taisais parce que vous lisiez. Quelques instants auparavant, j'avais lu dans vos yeux la fameuse formule :

PRIÈRE DE NE PAS DÉRANGER

Et, ma foi, j'observais la consigne, bien plus par crainte d'un mouvement de colère que par respect. Quand on vous importune, savez-vous que vous pouvez être terrible !

La mer m'a mordue aux chevilles, et j'ai reculé d'un bond.

Alors, puisque tout a une fin, j'ai tracé de l'index votre nom sur le sable. Votre nom et le mien.

Mais quand, décrivant un arc de cercle, vous êtes venu derrière moi pour regarder par-dessus mon épaule, la mer avait déjà tout effacé.

Laure

Mardi 23 *août 19..*

Une musique de fête... Des rires à n'en plus finir... Une ambiance magique flotte dans l'air... A quelques mètres de la maison, un cirque s'est installé.

Le cirque, c'est pour les enfants, non ? A quinze ans, qu'est-ce qu'on irait faire sous un chapiteau ?

Je n'y tiens plus. Je me lève d'un bond. Je sors de ma chambre. Je dégringole les escaliers. Je cours.

On n'attendait plus que moi. Que le spectacle commence !

Comment peut-on être habile à ce point ? Le jongleur doit avoir dix mains. Et les clowns m'enchantent. Le trapéziste a failli tomber, mais c'était sûrement pour nous faire peur. Quant au dompteur, il a un air à avoir mangé du lion.

Roulement de tambour.

Maintenant, l'homme en smoking noir, le prince de l'illusion, arrive sur la piste. Mon Dieu, cette allure, cette silhouette… Il vient vers moi, et mon cœur bat plus fort. Il se plante face à moi. Silence.

Ce visage, ce regard…

« Mademoiselle ! Acceptez-vous de vous prêter à une expérience ? Oui, vous, la jeune fille au tee-shirt blanc. »

Chaque timbre de voix est unique. Et certes, il y a les imitateurs, mais…

C'est bien vous. Depuis l'an passé, vous n'avez guère changé. A part, peut-être, cette mèche plus blanche sur le front. Que diable faites-vous en ces lieux ?

M'avez-vous reconnue ? Vous froncez un peu les sourcils tandis que vous me fixez. Et puis le sourire renaît.

« Ne vous faites pas prier, mademoiselle. Venez… »

Je me lève, comme hypnotisée. Mes jambes flageolent. Vous me prenez par la main, vous m'entraînez jusqu'au centre de la piste.

« Comment vous appelez-vous ? »

Je réponds dans un souffle, et vous lancez :

« Laure ? Quel joli prénom ! Il vous va à ravir. Si vous le permettez… »

Clin d'œil complice. Vous ouvrez la porte d'une sorte de grande malle noire, et, me tenant le bras, vous m'aidez à en franchir le seuil.

« Ne t'inquiète pas, murmurez-vous. Ne t'inquiète pas, ma petite Laure. Tu ne risques rien. »

La porte se referme sur moi. Obscurité totale. J'entends :

« Abracadabra. »

Déjà je suis ailleurs. Vous venez de m'enlever en un étrange carrosse sans roues ni équipage.

Je suis victime, oui, d'un kidnapping machinalement consenti. Mais, comment me plaindre ? N'avez-vous pas annoncé la couleur ?

« Laure ? Quel joli prénom ! Il vous va à ravir. »

Laure

Mercredi 24 août 19..

En début d'après-midi, il s'est mis à bruiner. Ma mère a dit qu'une journée sans plage, ça reposerait. Marie était plongée dans *Boule et Bill.* Mon père a proposé une partie de scrabble, mais avec si peu de conviction que je me suis crue autorisée à décliner son offre.

Quartier libre. Je suis sortie.

J'ai déambulé dans le centre ville. J'ai fait du lèche-vitrines, mais sans illusion puisque j'ai déjà demandé une partie de mon argent de poche de septembre.

J'ai vu une robe à 190 francs, une misère (pas la robe, le prix), des nu-pieds en soldes, et des bandanas à 20 francs les deux, on voit que c'est la fin de la saison.

Puis, j'ai été traîner dans le coin résidentiel de La Baule, du côté des belles villas.

Sur beaucoup de façades, gravés dans la pierre ou écrits avec des lettres en fer forgé, des noms.

Je me suis demandé dans quelle maison vous auriez choisi de passer vos vacances si vous étiez venu ici.

Il y avait *Lune bleue* et *Tout simplement*, *Ma barque*, *Sans souci*, *Nous deux* et *Grand large*.

J'ai encore marché. J'ai vu *Kynousva* et *L'Étang chimérique*, *Vent debout* et *Chemin faisant*. Auriez-vous défait vos valises à *Rêve d'été* ou aux *Goélands* ? A la réflexion, non. Et franchement, je ne vous aurais pas vu sortir de *Plein soleil*, ou vous prélasser à la terrasse de *Brise de mai*.

J'ai cherché, cherché. En vain. En vérité, vous n'êtes pas venu à La Baule parce qu'aucun nom de villa ne vous convenait.

Ah ! comme vous auriez craqué si l'agence LES FLOTS BLEUS vous avait proposé une villa baptisée *Les Fleurs du mal*, ou bien encore *Une Saison en enfer*...

Laure

Jeudi 25 *août 19..*

Toute La Baule ne parle que de ça. Sous les parasols, près des trampolines, on est inquiet, et Lucette a dit à ma mère que c'était mauvais pour le commerce. En général, elle sait de quoi elle parle, Lucette, elle est bien renseignée. Qu'il fasse soleil ou qu'il vente – excepté quand nous venons, une fois l'an, prendre l'apéritif – elle s'installe à 19 heures pile devant la télé pour regarder les infos régionales.

Elle lit aussi les journaux du coin, ce qui fait qu'elle est incollable sur tout ce qui touche à la vie locale. Quand il y aura un jeu-concours sur La Baule et ses environs, elle gagnera un voyage aux Baléares pour deux personnes.

« Alors, vous avez pris vos précautions, j'espère ?

— Sans doute, Lucette, sans doute, a répondu ma mère. Mais je ne comprends pas bien votre raisonnement. Le commerce va marcher. Ne sachant que faire, les gens vont aller dans les boutiques…

— Là, je vous arrête tout de suite. Pour les k-ways, d'accord. Mais pensez-vous à tous les articles d'été ? Qui va acheter ? Et puis, croyez-moi, il y en a qui vont boucler leurs valises. Pour aller plus au sud ou pour rentrer. »

D'après Lucette, dont le sérieux ne peut être mis en doute, il y aurait *un risque* d'ondée pour cette après-midi.

Laure

Vendredi 26 *août 19..*

La Baule en est encore toute frémissante. De rage et de peur mêlées. Jugez-en plutôt.

A 15 heures 15, heure locale, sur des Harley-Davidson et des Honda, des B.M.W. et des Suzuki, une horde de Wisigoths est entrée dans la ville. Ils étaient encore dans les faubourgs qu'on les entendait déjà sur le remblai.

Vingt-cinq ans après Woodstock, comme a dit mon père qui aime le rock, aujourd'hui comme hier, ils ont déferlé vers le centre, barbus et chevelus sans aucun doute, venus du fin fond de la steppe et des âges, sur leurs chevaux d'acier, métal hurlant, klaxons bloqués, vociférant sûrement sous les casques.

On était à la terrasse quand ils sont passés devant l'*Océane*. En trombe.

« Des p'tits cons, a lancé Charles à la cantonade.

— Tais-toi, a dit sa femme, horrifiée. Et s'ils revenaient ? »

Ils sont repassés à 100 à l'heure, et les glaçons ont cliqueté dans le verre de citronnade de Lucette.

« Vous savez d'où ils arrivent ? a demandé mon père. De l'Est. Ça ne vous rappelle rien ? Les grandes invasions. Les Barbares.

— Et alors, gros nigaud, a fait ma mère. D'où veux-tu qu'ils arrivent ? Après La Baule, c'est l'Amérique. »

Je me suis dit que ce n'était peut-être pas le moment de reparler à mes parents du scooter MBK qu'ils m'ont promis depuis un bon bout de temps.

Et puis quoi, dix minutes plus tard, un être de l'espèce des Huns a surgi, vêtu de cuir de haut en bas, le casque sous le bras. Habillé lui aussi de cuir, un Goth s'est pointé, et est entré dans le bistrot à la suite du Hun.

A ce moment, Charles a toussoté. Il a posé son verre, il a repoussé sa chaise, il s'est levé.

« J'ai les jambes qui commencent à rouiller, a-t-il dit. Et si on allait faire un tour ? »

On a tous suivi Charles.

Je vous le dis, monsieur : même en vacances, on vit dangereusement.

Laure

Samedi 27 *août 19..*

Cette nuit, la corne de brume m'a réveillée. Quelle heure était-il ? Quatre heures ? Cinq heures ? Peu importe. La corne de brume m'a réveillée. Rien d'autre.

J'ai regardé du côté du miroir qui est au-dessus de la cheminée en faux marbre. D'abord, je n'ai vu dans la glace que l'eau grise de la mer. Puis une embarcation a paru. Cheveux courts et robe noire, une jeune femme a sauté du bateau.

Après avoir enjambé le cadre, elle est descendue dans la chambre.

J'ai eu un mouvement, comme pour me protéger. Mais non. Apparemment, elle ne me voulait aucun mal.

Elle s'est assise au bord du lit.

Oh ! l'envie de courir vers la chambre de mes parents. Mais que m'auraient-ils dit, au juste ? Que ce n'était rien d'autre qu'un simple cauchemar ?

Elle ne me voulait aucun mal, et pourtant, je me suis réfugiée de l'autre côté du lit, la tête contre la table de nuit, les doigts posés sur l'interrupteur de la lampe de chevet.

Quand je me suis réveillée, le jour entrait à flots par la fenêtre ouverte. La jeune femme n'était plus là.

Je me suis levée d'un bond. J'ai été me planter face au miroir. L'eau grise de la mer avait disparu. Mon visage était mouillé de larmes.

D'une manière ou d'une autre, il fallait que je me rassure. J'ai cherché la faille. Je l'ai trouvée.

La tête de mon lit est à l'est. La fenêtre est orientée à l'ouest. La cheminée se trouve près de l'angle formé par les murs nord et ouest, à droite de la fenêtre.

En aucun cas la glace n'aurait pu refléter l'eau grise de la mer. La jeune femme aux cheveux courts et à la robe noire, ce n'était rien d'autre que le personnage d'un mauvais rêve.

Rien d'autre, c'est vite dit. Car, si c'est au prix de tels cauchemars que l'on invente des histoires, je vous annonce solennellement que je renonce à être écrivain.

Laure

Dimanche 28 août 19..

Sur le remblai, nous allons, nous venons. Comme des fourmis. On se croise, on se frôle, l'un s'est à peine écarté, l'autre a un peu dévié son chemin. Puis chacun poursuit sa promenade. Jusqu'à la prochaine rencontre.

L'exception. Tout à l'heure, une fille arrive sur moi. Si je ne l'avais évitée, nous nous serions heurtées. J'étais sur le qui-vive, tandis qu'elle lisait une lettre en marchant. Elle riait. Et fort.

Elle riait, et ça m'a mis la puce à l'oreille. J'ai trouvé tout de suite. C'était une de vos lectrices, elle vous avait écrit, vous veniez de lui répondre, et elle riait, non pas de vous, mais à cause de vous.

Elle riait. Et fort. Sûrement qu'elle voulait que ça se sache. Et à qui souhaitait-elle le faire savoir ? A moi. Ce rire, c'était à mon adresse. Il signifiait :

« Il m'écrit. Tra la lère. Et à toi il n'écrit pas. »

Ça m'a mise en colère. Ainsi, vous lui aviez laissé croire que vous ne m'écriviez pas, alors que c'est moi qui ne veux pas recevoir de courrier de vous. Ce n'est pas une nuance, mais un abîme. Comment peut-on travestir à ce point la réalité ? Quelle malhonnêteté !

J'allais revenir sur mes pas afin de rattraper la fille, et lui dire ce qui était vraiment, quand je me suis ravisée. Si elle riait, c'était parce qu'elle lisait une lettre drôle.

Or, un écrivain peut-il se permettre de perdre son temps à envoyer à une adolescente une correspondance écrite sur le ton de la plaisanterie, et principalement dans le but de la faire rire ? En a-t-il seulement envie ? Aussi, à côté de son œuvre, est-il possible qu'il écrive autre chose que des lettres graves et profondes, et qu'il n'essaie pas de dire l'essentiel en peu de mots, sans que ceux-ci prêtent à rire ? A votre avis ?

Je m'étais abusée. La lettre que la fille (une gamine, en réalité, avec un air à avoir redoublé sa quatrième) lisait en marchant, et EN RIANT FORT, n'était pas de vous. NE POUVAIT ÊTRE DE VOUS.

Ça m'a soulagée. Prise d'un fou rire à l'idée de ce cinéma que j'avais pu me faire, je me suis arrêtée sur le remblai. Juste en face d'un banc.

Une mamie en colère m'a apostrophée :

« C'est moi qui vous fais rire ? Petite insolente ! Comment peut-on se moquer ainsi d'une vieille personne ? »

Quelle journée !...

Laure

Post-scriptum : les vacances se terminent. Nous n'avons pas échappé à la visite des Saudian. Je vous ai attendu en vain. Notre chère Lucette vous effraie-t-elle à ce point ?

Lundi 29 *août 19..*

Le soleil est trompeur. La mer était mauvaise, ce tantôt, il y avait de fortes rafales de vent. Un homme s'est noyé.

Peut-être qu'il était marié, peut-être pas. Est-ce qu'il avait des enfants ? On lira ça demain dans le journal.

Qu'avait-il fait d'autre que de s'aventurer plus loin qu'il n'aurait dû ? Vous auriez vu ! Vous auriez entendu ! Quand on a appris la nouvelle, les gens se sont massés dans la partie sud de la plage, près de l'endroit où le corps venait d'être retrouvé. Pas loin du Phare rouge.

Les pompiers ont emmené l'homme. Tout de suite après, ça a commencé…

« Je ne voudrais pas dire, mais il a eu ce qu'il méritait.

— Il a payé son imprudence, c'est tout. C'est comme ça.

— Le pauvre, quand même…

— Quoi, le pauvre… Qu'est-ce que vous voulez qu'on y fasse…

— Faut pas jouer avec la mer.

— Eux, ça n'est rien encore. Mais ils mettent en danger la vie des autres.

— Comment ça ?

— Ben oui ! les sauveteurs, les C.R.S., les maîtres nageurs. C'est peut-être malheureux, mais, qu'est-ce que vous voulez, on ne va pas pleurer. »

A l'heure qu'il est, peut-être qu'une femme sanglote et qu'un enfant pleure à chaudes larmes. Je ne sais pas. J'aurai beau ne pas vouloir lire le journal, demain, toute la plage ne parlera que de ça.

« C'est passé aux infos régionales.

— Ah bon ?

— Et il y a un article. Là, page 7. Ça ne vous intéresse pas ?

— Moi, vous savez, les nouvelles…

— Mais alors, si vous ne regardez pas la télé, si vous ne lisez pas le journal… Il faut vous tenir au courant, mon vieux. »

Si vous aviez été journaliste, monsieur, est-ce que vous auriez pu parler de ces choses-là ?

Laure

Mardi 30 *août 19..*

Je quitte La Baule comme on se sépare d'une vieille amie. Tout à l'heure, je lui ai offert un verre à l'*Océane*...

Nous n'osions dire un mot. La peur, peut-être, de casser encore une fois cette magie qui nous unit.

Je n'ai pu me retenir :

« Tu sais, je penserai souvent à toi. Souvent.

— Moi aussi, m'a-t-elle répondu, et j'attendrai sagement jusqu'à l'année prochaine. »

Des larmes alors me montèrent aux yeux. Et elle d'ajouter :

« Ne pleure pas, voyons, sinon je vais m'y

mettre aussi. Un an, c'est vite passé. Et puis, lorsque tu reviendras, tu auras mille choses à me raconter, n'est-ce pas ? »

J'ai souri, je me suis levée. Elle m'a regardée partir.

Je m'en vais, il le faut, mais avec le secret espoir de recevoir sous peu une lettre *de* La Baule.

Laure

Mercredi 31 août 19..

10 heures. Mes valises sont prêtes, ma mère donne un dernier coup de balai, mon père charge la voiture.

J'entends la mer, je sens la mer. Un bruit de chevaux, une odeur humide et salée. La mer est proche, si proche.

Mon père râle, ma mère se tait, ils sont de mauvaise humeur. Et moi donc…

J'entraîne Marie hors de la maison. Vers la plage, vers le large, au bout du monde. Pour marcher sur le sable, déjà. Aussi, pour éviter réprimandes et disputes.

Marie s'assoit. Fixe l'horizon. Et dit tout bas :

« J'veux pas partir. »

Est-ce que je veux partir, moi ?

« Viens, Marie, viens. »

Ma sœur lève les yeux vers moi. Sur son visage, il y a toute la tristesse de la terre.

11 heures 30. Hier soir, c'étaient les vagues de la marée montante. Maintenant, c'est le flot ininterrompu des voitures. Je me souviens : le soleil, les amis, les crêpes, les interminables parties de cartes des jours de pluie.

La Baule est derrière nous. Dans quelques jours, c'est le lycée. La Baule est derrière nous.

Mon père arrête la voiture sur l'aire de repos.

« J'ai faim », dit-il.

Nous montons derrière lui l'escalier qui conduit au restaurant. Il y a vingt-cinq marches exactement. Autant que l'année dernière.

« Laure, tu ne manges pas ? »

Les frites sont à peine tièdes. Le réchauffe-plat est à l'autre bout de la salle. A quoi bon… De toute façon, elles sont trop grasses.

« Je vais aux toilettes. »

Je repousse le fauteuil, je me lève, je marche sur cette passerelle qui enjambe l'autoroute. Je m'arrête un instant pour regarder les rares voitures qui roulent vers l'ouest, vers La Baule.

Je dégringole l'escalier. Je suis de l'autre côté, du *bon* côté.

Là-bas, derrière les pompes à essence, un garçon fait du stop. Son sac à dos est posé dans l'herbe.

Maintenant, monsieur l'écrivain, et si vous ne l'avez déjà fait, regardez l'enveloppe pour savoir si j'ai posté cette lettre de La Baule ou de Paris…

Laure

Jeudi 1er septembre 19..

Un jour, je ne vous écrirai plus. La terre tournera toujours autour du soleil. Ce ne sera pas la fin du monde.

Un jour, je ne vous écrirai plus, et je ne me demanderai pas pourquoi je vous ai envoyé tant et tant de lettres. Oh! pas une par jour, il ne faut rien exagérer, mais tout de même...

Ça n'aura pas été une histoire entre vous et moi, mais entre moi et moi. Car, entre vous et moi, il y aura toujours eu Laure. Laure, j'en suis parfois jalouse, et c'est ma créature. Elle cessera d'exister quand je le voudrai. C'est à la fois simple et terrible. Simple parce que ce sera ma décision. Terrible en vérité parce que c'est moi qui vous aurai écrit, et c'est Laure que vous aurez lue.

Lors de notre première rencontre, quelqu'un dans la classe vous avait posé une question sur les héros de vos romans. Vous aviez répondu que l'on n'était pas (souvent ? toujours ?) maître de ses personnages.

Après ce jour où je ne vous écrirai plus, s'il arrive que vous relisiez une de mes lettres, c'est que Laure m'aura échappé.

Laure, tout de même.

Vendredi 2 septembre 19..

Hier soir, à la télé, des images de 68...

Que faisiez-vous, monsieur, en mai ? Du haut des barricades, lanciez-vous des pavés à la tête de ces C.R.S. qui rimaient alors avec S.S. ? Et sorti du tonneau du Diogène pour grimper sur celui de Sartre, haranguiez-vous de grondantes foules ? Mais, après tout, peut-être que vous êtes resté installé dans votre douillet cabinet de travail, et que vous écoutiez d'une oreille distraite hurler des slogans révolutionnaires à l'angle des boulevards Saint-Michel et Saint-Germain. Des slogans rageurs, des slogans vengeurs, des slogans insolents, puis des mots qui jaillissaient de milliers de bouches comme autant de fleurs.

« SOUS LES PAVÉS LA PLAGE »

Ou encore

« FAITES L'AMOUR PAS LA GUERRE ».

Quel héritage en vérité !

Sous vos pavés, monsieur, nos plages sont mazoutées, 125 millions de sacs de plastique bleu encombrent le fond du golfe de Gascogne, et la taxipholia est en passe de défigurer la Méditerranée.

Et si nous ne faisons pas la guerre, il nous faut faire l'amour avec mille précautions, en priant Dieu que, sur son blanc cheval, notre prince charmant n'ait point le Sida.

Laure

Samedi 3 septembre 19..

Au cœur de ma chambre est un jardin secret, une terre connue de moi seule, un miroir au fond d'un puits, un cahier à petits carreaux où peu à peu se tisse ma mémoire.

Je feuillette les pages, je me parle et me réponds, je n'y suis pour nul autre que moi-même. J'écris trois mots, un bout de phrase, je me surprends entre les lignes, j'existe à l'heure où l'on croit que je sommeille, méfiez-vous de l'eau qui dort, je regarde cette passante qui avec un stylo déambule.

Je n'écris pas forcément au même moment que vous, monsieur l'écrivain, non. Le monde ne tourne pas autour de nous, c'est nous qui tournons avec le monde. J'écris que ça me chante ou pas, je n'écris pas pour passer le temps, mais bien parce que le temps passe.

Et voilà... Hier ou avant-hier, on a piétiné mon jardin secret, on a marché sur mes terres, on a brisé ce miroir dormant au fond du puits, on a attenté à ma mémoire.

Le pire est arrivé. On a ouvert mon journal intime, et j'en suis révoltée.

Laure

Samedi 17 *septembre 19..*

A quinze ans, est-ce qu'on a le droit d'être à bout de souffle et d'avoir de la peine ?

« Souriez ! » nous ordonnent les adultes qui, depuis longtemps, ont oublié les chagrins éprouvés quand ils étaient enfants.

Sourions donc de toutes nos dents. Elles sont blanches et parfaites, larges et solides, que saint Fluor en soit remercié. Sourions comme si rien ne s'était passé, comme s'il ne se passait jamais rien. Sourions comme si nous nous trouvions toujours à La Baule, j'entends encore la mer mais, quand j'ouvre les yeux, je suis dans le train qui m'emmène au lycée.

Sourions ! Nous allons de cocon en cocon et l'enveloppe de chacun d'eux devient plus étroite. L'instituteur, l'institutrice, c'était papa ou maman ; l'école, on y fut finalement bien, comme on peut l'être à la maison. Et voilà que le cercle de famille s'agrandit avec l'entrée au collège. Les cousins cessent d'être germains, quand nous gagne un sentiment d'étrangeté. Mais nous nous faisons à cette nouvelle vie, et, au hasard d'un cours, un prof peut poser sur nous un regard bienveillant, à la manière d'un oncle cher.

Sourions ! bien que l'enveloppe du cocon maintenant se déchire. Le lycée, c'est déjà la vie et nous commençons à voir le monde, à faire partie du monde. Ma mère me conduisait à l'école, j'allai à pied au collège, mais me voilà devenue grande. Je me mêle aux voyageurs de l'existence ; partageant l'air qu'ils respirent, je peux épouser leurs préoccupations, ressentir leurs fatigues, et, partant, être des leurs.

Sourions, puisqu'il nous faut sourire. Mais du lycée je vous parlerai plus tard, un autre soir peut-être…

Je ne vous ai pas écrit depuis quinze jours. Mon journal a cessé d'être intime, on l'a ouvert, je suis à peine remise, j'entre tout juste en convalescence.

Laure

Dimanche 18 *septembre 19..*

Cette après-midi, nous jouons au scrabble. En bout de table, comme à son habitude, papa préside la partie.

Maman, Marie, mon cher père et moi-même nous piochons des lettres…

C'est à mon tour. Je place un mot :

TEMPS

Tiens ! comme il est bizarre aujourd'hui, ce temps. Quelque chose d'étrange plane dans l'air.

Je pense à *l'*accident. INÉVITABLE. Mais qui pourtant aurait pu être évité. INJUSTE. Mais qu'est-ce qui est juste ?

Sourire, monter en voiture, chanter, accélérer, plaisanter à 150 km/heure sur le pont qui enjambe la Seine, rire et s'écraser contre un arbre sans avoir pu redresser…

« Comme Albert Camus sur la route de Villeblevin », me direz-vous.

Oui et non à la fois.

Deux jeunes. Deux adolescents. Deux lycéens. Ils étaient dans *mon* lycée. Je ne les connaissais pas. Pourtant, j'ai de la peine.

Ils sont morts.

Un silence gênant règne au bahut où l'on s'apitoie. Mais combien les connaissaient vraiment ? Combien ?

Voilà comme la mort peut venir un jour…

Un soir de février, elle est venue aussi pour mon grand-père.

Comment vous dire… Est-ce décent ? Aujourd'hui, la mort dérange plus encore. Tout le monde en a peur et personne n'ose en parler. Et moi qui ne suis pas tout le monde, mais Laure, j'en ai peur et j'ose vous en parler.

Mon grand-père est au ciel depuis presque un an. Que vous dire ? Il me manque. Je le connaissais peu, en vérité. Oui, que vous dire ?

Je sais qu'il aurait été fier de moi s'il avait appris que je vous écrivais. Comme vous, il aimait les mots, il les maniait, il jouait avec. Il était poète.

Que vous dire encore ?

La morgue. La morgue évidemment. Dois-je regretter de ne pas y être allée ? Aurais-je supporté ça ? Voyez comment Laurent, dans *Thérèse Raquin*, réagit lorsqu'il découvre le cadavre de Camille, sa victime.

Moi, je vis de souvenirs et d'espoirs. De souvenirs solides et d'espoirs fragiles.

Un jour, mon heure viendra. Si j'en ai le temps, si le temps me le permet, j'aurai une pensée pour vous qui avez su lire une simple petite…

« Laure ! Laure ! Tu rêves ou quoi ? C'est à ton tour. »

C'est vrai ! Nous jouons au scrabble…

Le singulier et rassurant tableau qui s'offre à moi… Mon père compte les points, maman me regarde, Marie pioche des lettres.

Émeraude saute sur mes genoux. Je la caresse.

Ma sœur a écrit un mot :

AMOUR

Je place le mien :

TOUJOURS

Laure

Jeudi 22 *septembre 19..*

C'est un gracieux et grand trois-mâts qui vogue au gré des flots, au gré du temps…

O ! vaisseau de la vie… O ! vaisseau de *ma* vie ! A première vue, tu nous effraies. Cette coque ! ces voiles ! Tu en imposes. Pourtant, tranquille, tu traces ta route, laissant derrière toi la blanche écume de ton sillage.

Le tonnerre gronde… L'orage approche… La mer se déchaîne… Et toi, tu braves la tempête, tu les braves toutes, aussi bien que tu le peux.

O ! vaisseau *Montaigne* ! toujours victorieux, tu fais honneur au pays. Et moi, j'ai l'insigne faveur d'être de ton équipage, pauvre moussaillon perdu au milieu de ces mille ou deux mille marins, gens de la mer habitués pour la plupart à l'air du grand large.

Arrivée dans un port ou un autre, aurai-je réussi à me distinguer ?

Souvent, je monte au sommet du mât le plus haut. De là, je peux apercevoir des terres lointaines... Lointaines et si proches, pourtant. Ce sont les terres de l'*Inconnu*. Un jour (quand exactement ?), je poserai le pied sur un rivage. Alors commencera la grande étape de ma vie. La dernière, aussi.

Je me sens si différente, parfois, si seule... Alors, je pense à l'*Odyssée*, à Ulysse triomphant du cyclope par la ruse et résistant aux tentations fatales des Sirènes, et à leur chant enivrant.

Laure comme Ulysse ? Mais si Ulysse peut se raccrocher à l'image de Pénélope, sa bien-aimée, nul ne m'attend, moi, et aucun visage en mon esprit ne peuple mes jours et mes nuits.

A moins que... A moins que ce prince charmant dont je vous ai parlé ne se trouve au milieu des marins affairés sur le pont du navire ou dans ses entrailles...

Voilà, monsieur. Tel est le lycée Montaigne, gracieux et grand trois-mâts, telle est Laure, pauvre moussaillon perdu.

Laure, de l'océan et des tempêtes.

Samedi 24 *septembre 19..*

Alors que certains parlent de *religion* et de *justice* je vois, moi, de la *passion*, de l'*ambition*, et toutes deux ne font pas bon ménage : le rouge de l'une, le noir de l'autre, donnent un marron foncé, couleur plus proche du noir que du rouge.

Après cette entrée en matière, vous aurez compris que je vais vous parler une fois de plus de ce livre qu'apprécient tant les adolescent(e)s.

Je vous entends d'ici :

« Que cette *petite* Laure manque d'originalité… Stendhal ! Encore Stendhal ! »

Qu'y puis-je ? Sachez que, si j'évoque « encore »

Le Rouge et le Noir, c'est à propos des bouleversements qui se sont produits dans ma vie : le passage du collège au lycée, entre autres, et le changement incontrôlable de ma personnalité.

Ce livre, je l'ai lu en quatrième. Par défi. Les « grands » le lisaient. L'ouvrir, c'était en quelque sorte entrer dans le monde des adultes. J'ai mis six mois pour en venir à bout. Souriez ! mais pas trop, tout de même. Vous risqueriez de me froisser.

Julien Sorel m'était apparu charmant, beau et gentil. Il m'avait presque séduite. Et pourtant, je ne crois pas être aussi naïve que Mme de Rênal… Étais-je alors aveuglée par le besoin pressant de lire de belles histoires d'amour ?

Cette année, lycée oblige, je relis le livre, et le redécouvre. Et voilà que Julien n'est plus qu'un être sans cœur, avide d'ambition et d'argent, insensible aux marques d'amour d'une âme tendre et aimable. Aucune passion ne lui brûle les lèvres.

J'ai aimé Julien quand j'avais treize ans. Et j'étais sotte. C'était il y a trois ans seulement. Seulement ? Trois ans, c'est énorme dans une vie d'adolescente. Il s'en passe des choses…

J'ai mûri. J'ai mûri et je me nourris encore de la sève-mère… Mais, lorsque je serai arrivée à maturité (bientôt…), le tendre fruit que je suis tombera de son arbre protecteur pour entrer dans cette terrible jungle qu'est la vie.

Et je vous avoue, monsieur, que j'ai peur.

Je terminerai avec des mots de M. de Rênal (encore et toujours *Le Rouge et le Noir*) :

« Voilà ce que c'est que les femmes, il y a toujours quelque chose de dérangé à ces machines compliquées. »

Donnons-nous une telle image de nous à ces hommes qui, parfois, sont tellement immatures ?

Laure

Lundi 26 septembre 19..

L'adolescence, c'est un moment difficile. Un moment difficile à passer. Vous souvenez-vous, monsieur, de votre adolescence ? Au bout du compte, que reste-t-il de ce passage obligé ?

L'adolescence, c'est l'avantage de pouvoir jouer à redevenir l'enfant qu'on était. Quand on veut. Que ça aille bien ou mal. Aussi, pour quelques moments, c'est la possibilité de rejoindre le monde des adultes, et de s'y trouver peut-être bien. Peut-être.

Adolescente, je ne suis plus ce que j'étais sans être encore ce que je serai. N'y a-t-il pas parfois de quoi être perdue ?

L'adolescence, ce sont également des petits riens qui vous empoisonnent la vie, des déceptions, des impatiences, face au miroir quand on est en quête de beauté.

Oserai-je vous parler de l'un de ces fléaux qui nous gâchent l'existence ? Jusqu'à présent, j'ai été relativement épargnée. Mais, pour mon amie Charlotte, c'est terrible.

Je suis un peu superstitieuse, et d'écrire ce mot qui m'obsède pourrait bien me porter malheur. Alors je vous l'envoie, caché verticalement dans ces lignes que l'on peut faire glisser l'une sous l'autre.

L'atrocité suspecte
Injuste et cutanée
De notre belle
Adolescence

Attention, monsieur, il ne faut pas se fier aux apparences, et croyez bien qu'un mot peut en cacher un autre.

Laure

Mardi 27 septembre 19..

J'ai lu dans le journal qu'une lettre avait mis plus de cinquante ans pour parvenir à son destinataire. Êtes-vous au courant ?

En avril 1942, Margaret épouse Walter Spencer. C'est la guerre. Walter part sur un croiseur de la *Royal Navy* où il sert. Il ne reverra plus jamais sa femme qui va mourir d'un accident cette année-là.

Trois mois après le départ de Walter, Margaret lui écrit. Le cachet de la poste indique la date du 14 juillet. Adressée au *HMS Carlisle*, sur lequel Walter se trouve, la lettre va faire le tour du monde en suivant vainement le navire.

Elle échoue dans les bureaux de la *Royal Navy* où elle restera plus de dix ans.

Enfin, la lettre est remise par hasard à un collègue de Walter Spencer qui retrouve sa trace des années après.

Aujourd'hui, en possession de la lettre, il paraît que Walter Spencer hésite à décacheter l'enveloppe. On peut le comprendre. « C'est une lettre qui sort du tombeau », dit-il.

Et si la réalité gâchait le souvenir ? L'article est titré :

52 ANS D'ANTICHAMBRE POUR UNE LETTRE D'AMOUR.

Mais, qu'est-ce qu'il en sait, le journaliste ? Peut-être que c'est une lettre de rupture. Peut-être que Margaret s'est aperçue trois mois après qu'elle n'aimait pas Walter.

Savoir ou ne pas savoir ?

Cette lettre que je vous écris vous parviendra peut-être dans un demi-siècle… Qui sait ?

J'aurai alors 67 ans. Ouvrirez-vous cette enveloppe que vous tiendrez… en tremblant ? Pensez donc ! dans cinquante-deux ans…

Laure

Samedi 1er octobre 19..

Cette après-midi, le temps était à la grisaille. Et rien de bien au cinéma. Je suis sortie de chez moi à 15 heures. Pour aller faire du lèche-vitrines dans les galeries marchandes du centre commercial.

VU

✓ un trench court en cuir noir, agneau souple, à 2 250 F chez *Arturo* ;
✓ un pull jacquard en maille 50 % acrylique, 50 % laine, brodé main, col montant, à 359 F dans la vitrine de *Chouettes fringues* ;
✓ un tailleur-pantalon à rayures tennis, en tissu

souple, 65 % polyester, 35 % viscose, à 469 F chez *Blanche-Neige* ;

✓ une robe longue imprimée cravate, col tailleur, manches longues, à 345 F chez *Paola* ;

✓ un jean à 169 F à *Monoprix*.

Je suis passée devant l'étalage de *Barbara*, où l'on solde avant la fermeture définitive, et où « tout doit disparaître », j'ai essayé chez *Marie-Lou* des bottines à bouts carrés, noires, dessus croûte de cuir vachette façon velours, à 159 F.

Puis…

COMPTÉ

✓ ce qui restait dans mon portefeuille (ça ne m'a pas pris des heures).

CALCULÉ

✓ ce que me devait Marie (des bricoles) ;

✓ ce que ma mère m'avait avancé sur mon argent de poche – normalement, je ne devrais plus rien avoir jusqu'aux fêtes ;

✓ ce que l'oncle Georges, mes grands-parents, la cousine Josette, et ma marraine m'enverraient à l'occasion de mon anniversaire et pour Noël.

ACHETÉ

✓ un pain au chocolat à 4,50 F.

A 18 heures, j'étais à la maison. Et de méchante humeur. Avant que je ne monte dans ma chambre, ma mère a eu le temps de lancer :

« Ça ne va pas, Laure ? »

Ah ! monsieur ! comme j'envie parfois Émeraude, vêtue en toute saison de sa même fourrure tigrée. Aussi, je jurerais bien de ne plus remettre les pieds avant longtemps dans les galeries marchandes, mais je me suis déjà dit ça, et pas plus tard que samedi dernier.

Laure

Jeudi 6 octobre 19..

Des souris, des hommes… Mais qu'est-ce qui peut bien lier ces mots ? Un chat, prédateur des unes et compagnon des autres ? Non ! Tout simplement une conjonction de coordination : *et*.

Des Souris et des Hommes… J'ai découvert John Steinbeck, et je vous avoue avec émotion que c'est le seul roman qui m'ait bouleversée au point de pleurer…

Supposons que vous n'ayez pas lu ce livre essentiel… Vous vous demandez alors ce qui a pu me faire verser des larmes. Une histoire d'amour ? Vous n'avez pas totalement tort : après tout, qu'est d'autre que l'amitié ?

Une histoire d'amitié, donc. Si forte, si prenante, pleine de tendresse et de sensibilité... Je l'ai lue d'un trait. Oui. D'un trait.

Vous ai-je convaincu ? Je le crois. Mes mots viennent du cœur...

Je vous imagine déjà courant vers la librairie. STOP. Aménagez votre emploi du temps car, après avoir lu Steinbeck, il vous faudra voir le film de Gary Sinise. John Malkovitch y tient le rôle de Lennie, ce géant qui aimait tant la douceur, les lapins, et les cheveux des femmes. Un film aussi intense que le livre.

STOP. Ne partez pas encore. N'oubliez pas de passer par la pharmacie. Les mouchoirs sont d'incontournables compagnons pour qui veut lire et voir *Des Souris et des Hommes*...

A présent, je vous laisse libre de filer. De filer afin de vous procurer livre et cassette.

Je n'ai pas à vous souhaiter une bonne après-midi ou une excellente soirée : elle sera assurément inoubliable.

Laure

Samedi 8 octobre 19..

Alors que mes parents venaient de rentrer du supermarché, et pendant que je plaçais mes yaourts préférés dans le haut du réfrigérateur, je me suis demandé ce qui pouvait bien faire – sans parler des prix avantageux pratiqués – le succès des grandes surfaces…

RECETTE POUR UN SAMEDI APRÈS-MIDI

✓ Temps passé pour les achats : 3 h.
✓ Temps d'attente à la caisse : 1/2 h.
✓ Temps de rangement dans le coffre de la voiture : 1/4 h.

✓ Temps de rangement dans le réfrigérateur et dans les placards : 1/2 h.

✓ Faire ses courses pour au moins quinze jours, et remplir à ras bords un caddie.

✓ Remettre dans les rayons quelques articles parce que l'on a oublié son carnet de chèques et que l'on n'a pas suffisamment d'argent liquide.

✓ Placer toutes les boîtes et les paquets dans le coffre de la voiture, et ranger le caddie afin de récupérer une pièce de dix francs.

✓ Souffler un instant avant de grimper les escaliers menant à la cafétéria.

✓ Choisir son repas, régler la caissière en n'oubliant pas de conserver le ticket qu'elle réclamera lorsque sera venu le moment de déguster les trois boules de glace commandées – café, chocolat, vanille.

✓ Près des grandes baies vitrées, contempler le soleil qui va bientôt s'enfoncer derrière les pistes de l'aéroport.

✓ Le plus longtemps possible, suivre des yeux un avion en partance.

✓ Repousser le fauteuil au dossier canné, et, d'un revers de main, s'épousseter en faisant tomber quelques miettes sur la moquette râpée.

✓ Regarder sa montre, calculer mentalement, se dire qu'il reste environ trente-quatre heures avant de monter dans le wagon de queue du train de 7 h 17. Trente-quatre heures avant de retourner au lycée.

Afin de demeurer encore un moment dans cet endroit exquis qu'est la cafétéria, voici ce que j'ai vu samedi dernier : un garçon a tourné autour des tables pendant un petit quart d'heure, souhaitant un bon appétit à chacun. Il était vêtu en jean de haut en bas, il était botté, et coiffé d'un chapeau de paille orné d'un ruban à la gloire de Buffalo Bill.

Je me suis posé la question de savoir où il avait bien pu laisser son cheval.

Un dernier mot, si vous le voulez bien, à propos de ces éprouvants samedis après-midi : quand on a fini de faire ses achats, est-ce qu'on n'est pas à bout de courses ?

Laure

Lundi 10 *octobre 19..*

Vous écrivez des contes, monsieur. Vous connaissez donc des héros en grand nombre, seigneurs brûlant d'en découdre, chevaliers prêts à se battre contre mille, quand bien même il s'agirait de moulins à vent.

Ils volent au secours des faibles, et c'est un jeu pour eux que de pourfendre l'ennemi.

Vous êtes donc en familiarité avec ces gens. Car, pour que vous chantiez leurs exploits, il faut bien qu'ils vous les disent. Alors, vous vous attablez avec eux dans une auberge, et vous attendez qu'ils reprennent leur souffle. Ils boivent à grands traits, ils s'essuient la bouche d'un revers de manche, et se mettent à parler.

Sachant que vous êtes un magicien des mots, ils laissent aller leur cœur. Aussi, grâce à vous, ne sortiront-ils pas de l'ombre ?

Un soir d'hiver, alors qu'une pluie glacée tambourinera contre les vitres, un homme s'assoira face à vous. Il aura de grands yeux noirs, fiévreux. Il restera silencieux.

« Alors ? demanderez-vous au bout d'un long moment.

— Alors, répondra-t-il, je suis le prince de B… Vous me voyez désolé. Jusqu'à présent, je n'ai rencontré personne qui fasse appel à moi, nulle âme en peine à secourir, qu'elle soit princesse ou bergère…

— Je connais quelqu'un, direz-vous, qui n'est ni bergère ni princesse. Mais, que son âme soit en peine, cela ne fait aucun doute. »

Alors, vous sortirez d'une poche une enveloppe, et vous tendrez au prince la lettre qui vous sera parvenue le matin même. Cette lettre où, pressentant la rencontre, j'aurai dévoilé ma véritable identité, et donné mon adresse.

Laure

Mercredi 12 octobre 19..

Les écrivains prennent-ils leurs repas autre part qu'en ville ? Peuvent-ils déjeuner hors du Quartier latin qui est à la capitale ce que Paris était pour le monde ?

En bref, monsieur l'écrivain, est-il impossible de se sustenter ailleurs que dans un bistrot de Saint-Germain-des-Prés ? Vos délicats appétits ne s'aiguisent-ils qu'à proximité de la Seine, et encore, pas sur n'importe quelle rive ?

J'en étais là de mes réflexions quand, sur le boulevard Saint-Michel, j'ai été prise d'une soudaine fringale.

Non loin de la pendule sous laquelle je vous

avais attendu un jour, j'ai englouti un énorme *hot-dog*. Un énorme *hot-dog* avec plein de moutarde.

J'espère que vous me pardonnerez cette entorse à l'art culinaire et à notre langue française.

Laure

Post-scriptum : par souci de ne point trop vous choquer, j'ai renoncé à mon envie de pousser jusqu'au McDo...

Vendredi 14 *octobre 19..*

Mon grand-père disait :

« Qui ne risque rien n'a rien. »

Alors, aujourd'hui, je risque. Je mise tout avec cette lettre. C'est le grand saut. Votre réponse, s'il y en a une, sera l'aboutissement de toute une correspondance à sens unique.

Mais vous ne me répondrez peut-être pas et je me dirai alors :

« Toutes ces lettres pour rien… »

Mais non, elles m'auront éclairée, et donné un sens à ma vie lorsque ça n'allait plus. A présent, je vais mieux ; en quelque sorte, c'est grâce à vous.

J'ose aussi imaginer que, depuis le début, vous attendez que je vous donne mon adresse, que je dévoile cette face que je vous ai cachée. Après tout, je n'ai pas le droit de vous empêcher de vous exprimer, c'est égoïste de ma part. Je ne vous ferai donc pas attendre plus longtemps.

N'écrivez ni à George Sand, aux Baléares, ni à Emma Bovary, à Rouen. Pour mes nom et adresse, regardez tout simplement au dos de l'enveloppe.

Laure, pour quelques instants encore.

Post-scriptum : Vous avez mon adresse. Ne la communiquez pourtant pas au fameux prince de B… que vous devez rencontrer au hasard d'un songe, le soir même où vous aurez reçu ce courrier.

Vendredi 4 novembre 19..

Comme on jette une bouteille à la mer... Dans ma première lettre, je vous ai dit cela. Je me souviens. Je vous écrivais, j'étais en plein naufrage, pas encore rescapée d'un chagrin d'amour.

Tant que je ne me dévoilais pas, je pouvais toujours croire que vous brûliez de me répondre. C'était confortable. D'un luxe inouï. En quelque sorte, rester anonyme comme on se laisse désirer... Comprenez-vous ? Non. Vous ne comprenez pas.

Incommensurable orgueil !

Coupable naïveté.

En réalité, je me faisais des idées et l'on n'est jamais si bien bernée que par soi-même. A aucun moment vous n'avez *lu* mes lettres, ou, si seulement vous les avez parcourues, ce fut pour en rire. C'est cela. En vos salons littéraires, vous vous réunissez, gens de plume que vous êtes et, sous des lustres à pendeloques, vous vous montrez sous vos plus mauvais jours.

« Recevez-vous beaucoup de courrier ? vous demande un confrère.

— Pensez donc ! Ah ! je ne vous ai pas dit. Une adolescente m'écrit. Elle a quinze ans, des boutons sur le visage et un goût prononcé pour les coupes glacées. Elle m'écrit trois fois par jour, je suis au plus mal avec mon éditeur qui a dû embaucher une secrétaire à mi-temps pour me réexpédier le courrier que la jouvencelle m'adresse.

— Et comment s'appelle cette collégienne ?

— Laure...

— Tout ce qui brille n'est pas Laure !

— Si elle brillait, encore ! Mais non... »

Je vous ai écrit il y a trois semaines en espérant une pensée délicate, un mot, une politesse, quelque chose. Mais rien.

Je me rappelle. Au collège, vous disiez :

« Je réponds à tout courrier. Jamais je ne laisserais une lettre en souffrance. » Si Cocteau vous avait connu. Il eût écrit *Jean-François l'imposteur.*

Je vous déteste. Je vous ai tout dit de moi. Je vous ai ouvert mon cœur et livré mon âme. Tenez : vous êtes plus cynique encore que Julien Sorel.

Jeudi 10 novembre 19..

Cher monsieur Néry,

Cette lettre est la cinquantième ou la soixantième que je vous écris. Est-ce que je sais, au juste ? Au début, je comptais, je mettais des bâtons sur la dernière page de mon agenda. J'ai arrêté au retour des vacances, lorsque je me suis acheté le nouvel agenda universitaire. Quand j'y pense, je me dis que c'était comme un signe…

Combien de mots vous ai-je envoyés, de ces mots qui, placés les uns après les autres, ont formé des phrases ? Les rivières vont au fleuve et le fleuve à la mer. Vous avez reçu de moi un océan de mots. Vous ai-je noyé ? Après tout, je l'ignore. Vous n'avez pas répondu à mon avant-dernière lettre. A moins que vous ne soyez devenu muet... Mais alors, pour vos romans, comment allez-vous faire, vous qui nous disiez qu'il faut parler pour écrire ?

Je vous ai écrit à cause d'un chagrin d'amour, mais on guérit de tout, excepté de la mort. Et sur nos corps où courent parfois des cicatrices, on ne parvient pas toujours à lire les blessures qui les ont précédées.

On guérit de tout, mais on n'oublie rien. Et si l'on ne se rappelle plus, c'est bien parce qu'on ne veut pas se souvenir.

Cette lettre est la dernière que je vous adresse. Comme c'est étrange ! je cesse d'écrire quand Laure vient à peine de dévoiler mon identité. Elle n'a pas su tenir sa langue. Quelle drôle de fille en vérité...

Vous lui pardonnerez, j'espère, de s'être mise en colère l'autre fois. Il faut la comprendre. Elle vous a tant donné d'elle. Pas tout, mais tant ! Alors, ce mouvement de rage, de dépit, ça s'est sûrement passé un jour où ça n'allait pas, où la vie semble moche même s'il fait soleil, ou, peut-être, justement parce qu'il fait soleil...

Ne lui en voulez pas, à Laure, de vous en avoir voulu. Sa peine, ça ne laissera pas de cicatrice, c'était comme une blessure d'amour-propre. Et puis, Laure ne vous connaît pas. Si elle m'avait parlé, je lui aurais dit que vous n'êtes pas comme elle vous a un instant imaginé. Ça ne vous ressemble pas.

Au lycée Montaigne où nous sommes mille cinq cents, un garçon s'est assis à côté de moi. Le hasard, monsieur, le hasard ? Si j'étais née autre part, s'il avait grandi ailleurs, nous ne nous serions pas rencontrés ? Dieu merci…

Oh ! ne me dites pas qu'autre part, de toute façon, un garçon aurait pris place auprès de moi. Ne me gâchez pas la plus infime parcelle de ce futur qui, déjà, *est*.

Voilà, monsieur. Cette lettre est donc la dernière, tout a une fin, nous sommes mortels, je l'ai appris cet été en lisant à La Baule *La Cérémonie des adieux* de Simone de Beauvoir.

Tout a une fin, et, pourtant, comme ce soir-là où je vous ai écrit et suis allée jusqu'au bout de ma lettre pour la première fois, la pluie tambourine contre la vitre. Et si l'on ne joue pas du piano à la radio, j'ai poussé Baptiste. Émeraude est couchée en rond sur mon lit ; elle émet de petits cris dans son sommeil ; je vous l'ai dit : c'est une chasseuse, alors, elle rêve d'oiseaux et de mulots.

Tout a une fin, et tout recommence. Forcément, monsieur, si tout a une fin, la fin finira bien aussi par finir.

Jamais plus *Laure*

EXTRAIT DU CATALOGUE DU *LIVRE DE POCHE JEUNESSE* (10.1995)

		(n°)
ALAIN Jean-Claude	Shawn la Baleine	397
ALAIN-FOURNIER	Le Grand Meaulnes	23
ALCOCK Vivien	Le fantôme vous salue bien	259
ALCOTT Louisa May	Les quatre filles du docteur March	41
ALDRIDGE James	Le merveilleux cheval mongol *(Mon bel oranger)*	406
ALDRIDGE James	La véritable histoire de Spit MacPhee *(Mon bel oranger)*	401
ANDERSEN Hans-C.	Poucette et autres contes	19
APPS Roy	L'été secret de Daniel Lyons	501
BAUDELAIRE Charles	Poèmes choisis *(Fleurs d'encre)*	145
BAUER Marion Dane	Face à face *(Mon bel oranger)*	434
BAUM L. Frank	Le magicien d'Oz	383
BAWDEN Nina	L'enfant transparent *(Mon bel oranger)*	421
BERNA Paul	Le cheval sans tête	34
BICHONNIER Henriette	Émilie et le crayon magique	176
BICHONNIER Henriette	Kiki la Casse	556
BICKHAM Jack	Le faucon de Billy Baker	25
BLANLUET Colette	Le Grand Théâtre	473
BLAZKOVA Jaroslava	Un merveilleux grand-père	65
BOCHOLIER Gérard	Poèmes du petit bonheur *(Fleurs d'encre)*	136
BOURGUIGNON FRASSETO C.	Le neveu de Goya	286
BOURGUIGNON FRASSETO C.	Le frère de lait de Napoléon	369
BOURGUIGNON FRASSETO C.	La vengeance du Catenacciu... contes de Corse	465
BRISOU-PELLEN Évelyne	Deux ombres sur le pont	314
BRISOU-PELLEN Évelyne	Le cosaque dans la neige	365
BRISOU-PELLEN Évelyne	Les Cinq Écus de Bretagne	453
BRISOU-PELLEN Évelyne	Les portes de Vannes	475
BRISOU-PELLEN Évelyne	La vengeance de la momie	525
BRZECHWA Jan	L'académie de M. Tachedencre	551
BUCKERIDGE Anthony	Bennett et sa cabane	7
BURNETT Frances H.	Le petit Lord Fauntleroy	377
CAMPBELL Eric	Le Chant du léopard	504
CAMUS William	Le Faiseur-de-Pluie	84
CARÊME Maurice	Au clair de la lune *(Fleurs d'encre)*	136
CARÊME Maurice	A l'ami Carême *(Fleurs d'encre)*	137
CARMI Daniella	Ils ont arrêté mon père	459
CARMINATI Muriel	Mémoire d'éléphant	350
CARMINATI Muriel	Le nombril du monde	381
CARMINATI Muriel	La nourriture des anges	493
CARMINATI Muriel	Les années homard	531
CARROLL Lewis	Alice au pays des merveilles	44
CARTER Forrest	Petit Arbre *(Mon bel oranger)*	412
CASSEDY Sylvia	Morton, l'enfant différent *(Mon bel oranger)*	409
CÉNAC Claude	La révolution des croquants (tome 1)	285
CÉNAC Claude	La révolution des croquants (tome 2)	373
CÉNAC Claude	Le tonnerre de Madrazès	400
CHAPOUTON Anne-Marie	Quand la terre gémit	348
CHAPOUTON Anne-Marie	Les voleurs de petit sentier	358
CHARPENTREAU Jacques	Les éléments des poètes *(Fleurs d'encre)*	125
CHARPENTREAU Jacques	Prête-moi ta plume *(Fleurs d'encre)*	126
CHARPENTREAU Jacques	La Cigale, le Renard et les autres *(Fleurs d'encre)*	129
CHARPENTREAU Jacques	Paraphes *(Fleurs d'encre)*	130
CHARPENTREAU Jacques	Luttes et luths *(Fleurs d'encre)*	134
CHARPENTREAU Jacques	L'amitié des poètes *(Fleurs d'encre)*	135
CHARPENTREAU Jacques	Trésor de la poésie française (t. 1) *(Fleurs d'encre)*	139
CHARPENTREAU Jacques	Trésor de la poésie française (t. 2) *(Fleurs d'encre)*	140
CHARPENTREAU Jacques	Trésor de la poésie française (t. 3) *(Fleurs d'encre)*	141
CHARPENTREAU Jacques	La nuit est mon royaume	384
CHARPENTREAU J. et COFFIN D.	Demain dès l'aube... *(Fleurs d'encre)*	121

IMPRIMÉ EN FRANCE PAR BRODARD ET TAUPIN
Usine de La Flèche, 72200.
Dépôt légal Imp. : 6395N-5 — Edit : 5909.
32-10-1079-02-6 — ISBN : 2-01-321079-5.
Loi n° 49-956 du 16 juillet 1949 sur les publications destinées à la jeunesse.
Dépôt : juin 1996.